# 인류 멸종,
## 생각보다 괜찮은 아이디어

SHOULD WE GO EXTINCT?

Copyright ⓒ 2024 by Todd May

All rights reserved.

Korean Translation Copyright ⓒ 2025 by Wisdom House, Inc.

This translation published by arrangement with Crown, an imprint of the Crown Publishing Group, a division of Penguin Random House LLC through EYA Co., Ltd.

이 책의 한국어판 저작권은 EYA를 통해 저작권사와 독점계약한 ㈜위즈덤하우스에 있습니다.
저작권법에 의하여 한국 내에서 보호를 받는 저작물이므로 무단 전재와 복제를 금합니다.

# 인류 멸종,
## 생각보다 괜찮은 아이디어

**더 나은 미래를 위한
철학적 사고 실험**

토드 메이 지음 | 노시내 옮김

위즈덤하우스

**추천의 말**

인류의 존재 이유와 우리가 남긴 흔적을 근본적으로 돌이켜보게 하는 책이다. 이 책은 인류 존재의 의미를 차분하게 묻는다. 인류가 이 세계에 남아야 할 이유는 무엇인가? 인류가 존재함으로써 발생하는 고통은 정당화될 수 있는가? 저자는 인류가 지닌 가치와 해악을 담담하게 비교하면서도 어떤 정답을 강요하지 않고 독자가 스스로 답을 찾아가도록 돕는다.

《인류 멸종, 생각보다 괜찮은 아이디어》는 불안한 시대를 살아가는 모든 이에게 건네는 철학적 초대장이다. 이 책은 결코 가벼운 이야기를 다루지 않는다. 그러나 저자는 절망이 아닌 생각과 대화 그리고 더 나은 행동의 가능성으로 독자들을 이끈다. 모든 논쟁을 우리 삶의 문제로 가져오며 본질적인 질문과 함께 "이제 우리는 어떻게 살아갈 것인가?"라는 마지막 빈 페이지를 남긴다. 이 빈 페이지는 우리 스스로 고민과 희망으로 채워야 한다.

**이정모**(전 국립과천과학관장, 《찬란한 멸종》 저자)

지구에 해악만 끼치는 인류는 이대로 멸종하는 게 낫다. 아니다, 그래도 인간만이 만들 수 있는 문화가 계속 이어지는 게 좋다. 아니다, 그런 문화야말로 인간 이외의 존재를 괴롭힐 뿐이다. 아니다, 인구가 조금 줄어든다면 그런 민폐 역시 줄어들 것이다.

저자는 끊임없이 '아니다, 아니다, 아니다'를 반복하면서 우리에게 토론을 제안한다. 선택을 강요하지 않고, 생각을 권유한다. 다양한 철학적 질문과 삶 속의 물음을 통해 우리는 환경 위기와 예술의 의미와 동물권까지 눈을 넓히게 된다. 책을 다 읽고 나면 '우리의 오늘'을 감사하며 사랑할 수밖에 없다.

**김중혁**(소설가)

# 차례

| 서문 | 우리가 없었더라면 지구는 더 좋은 곳이 되었을까?
(마이클 슈어) — 008

## 1 — 015
### 불편한 질문
여기서 우리의 진짜 질문은 무엇인가? | 인류 멸종은 어떤 식으로 일어날까? | 그냥 인구가 감소하면 어떨까? | 인류가 집단으로 자살한다면? | 인간이 사라지면 세상은 정말 더 나아질까? | 공리주의로 인류 멸종 생각하기 | 누가 질문하는 주체인가?

## 2 — 043
### 인류는 무엇이 그렇게 대단한가?
그러나 삶이 '정말로' 살 만한 가치가 있을까? | 세상에 행복을 보탠다는 것 | 인간은 세상에 어떻게 기여하는가? | 미래 세대가 더 이상 존재하지 않는다면 | 질문하는 인간과 인구 감소

| 3 | | 095 |

**인류는 더 이상 존재하면 안 되는가?**

인간과 동물의 행복을 비교하면 | 공장식 축산과 동물의 고통 | 착한 축사는 어떨까? | 인간이 인간에게 주는 고통 | 삼림 벌채와 야생동물 | 인간보다 자연이 동물에게 더 잔혹하지 않은가? | 인간이 누리는 체험에 뒤따르는 비용 | 하지만 사랑은 사라지지 않는다 | 그 자체로 좋은 생태계 | 인류의 존속과 삶의 의미의 상관관계 | 인구 감소와 증가 사이에서

| 4 | | 159 |

**우리는 어떤 선택을 해야 하는가?**

지금 우리에게 필요한 장기적 관점 : 식량 | 인구 | 삼림 벌채 | 기후위기 | 동물실험 | 우리의 태도

| 결론 | **우리는 이미 답을 알고 있다** ─────────── 193
감사의 말 ─────────────────────── 198
옮긴이의 말 ───────────────────── 199
참고문헌 ─────────────────────── 204
주 ──────────────────────────── 206

| 서문 |

# 우리가 없었더라면
# 지구는 더 좋은 곳이 되었을까?

최고의 철학은 실용적이다. 추상적 논의는 대학에서 친구들과 둘러앉아 거들먹거리고, 사색하고, 주절거리고, 자기 정신세계의 한계를 탐험할 때는 멋지다. 하지만 누구 말처럼 그렇게 홍진에 묻혀 지내다가 세상을 좀 더 이해하게 되면, 단지 지구에 우리가 존재한다는 점 때문에 고유하게 벌어지는 문제들을 살펴봐야 할 때가 온다. 그러다 보면 결국 불편한 결론에 도달할 수 있다. 문제의 근원이 바로 인간이라는 것이다.

'인간이 이 행성에 존재하지 않았다면 지구에 더 좋지 않았을까'라는 생각을 대부분 한 번쯤은 해봤을 것이다. 그랜드캐니언 남쪽 가장자리에 서서 콜로라도강 위로 캘리포니아콘도르가 날아가는 모습을 관찰하다가, 멸종 위기에 처한 아프리카덤불코끼리 떼가 서로에게 물을 뿌리며 몸을 식히는 모습을 경외의 침묵 속에 꼼짝 않고 지켜보다가 그런 생각이 들었을 수 있다. 아니면 그냥 어떤 교양 없어 보이는 남자가 제트 스키를 몰며 사과주 한 병을 들이켜고 빈 병을 호수에 던졌는데 괜한 오리가 그 병에 맞는 모습을 목격했을 수도 있다. **우리가 모든 걸 망친다**는 생각이 들었을 것이다(솔직히 우리가 자연에 미치는 영향 면에서는 정말로 반론의 여지가 없다). 그렇다면 이제 어떻게 할 것이냐가 문제다. 진짜 인간이 사라져야 하나?! 그 **대답**은 고사하고 그런 질문 자체를 진지하게 던지려면 어떻게 해야 할까?

여기서 잠시 멈추고, 나와 함께 2016년으로 되돌아가자. 왜냐하면 그해에 내가 일종의 '철학적 긴급 상황'을 겪었기 때문이다.

그 일은 (다행히) 내 사생활과는 무관하고 내가 제작한 TV 시트콤 〈굿 플레이스The Good Place〉와 관련이 있었다. 이 작품은 결함 많은 네 사람이 '좋은' 사람이 된다는 의미가 무엇인지 이해하려고 애쓰며 겪는 모험 이야기다. 시즌 1에서(첫 방송 이후 거의 10년이 되어가니 안 봤으면 당신 책임이지만 그래도 스포일러 주의) 네 사람은 생전에 도덕적 결함 없이 선하게 산 대가로 약속받은 영원한 낙원이 실은 사르트르의 《닫힌 방》의 뒤틀린 버전임을 깨닫는다. 그러니까 스스로 지옥을 만들어놓고, 그 안에서 부지불식간에 서로를 온갖 미묘한 방식으로 괴롭혔다. 이 감옥의 설계자는 천사를 가장한 악마 마이클이다. 그러나 그의 계획이 좌절된 후 시즌 2로 넘어가면서, 마이클이라는 존재가 각본가들에게 해결할 수 없어 보이는 철학 문제 하나를 제기했다.

시즌 1에서는 인간들이 윤리학과 도덕철학을 학습하면서 자기 개선을 도모했다. 시즌 2에서는 마이클의 차례였다. 하지만 어떻게? 불사의 존재가 윤리를 배울 수 있을까? 순전한 악의 존재에게 아리스토텔레스가 대체 무슨 영향을 끼칠 수 있을까? 그리고 가장 중요한 것은, 여기에 답할 수 없다면 작가인 우리가 각본을 잘못 써서 스스로 궁지에 몰아넣은 것은 아닐까? 도덕 추론이 불사의 존재에 미치는 이론상의 효과를 주제로 철학 관련 글을 쓴 사람 없냐고 크게 (애원하듯) 물었던 일이 기억난다. 아무래도 없을 것 같았다. 그런데 알고 봤더니 그런 사람이 있었다. 토드 메이라는 철학자였다. 그가 그 주제로 책을 썼다.

책 제목은 간단히 《죽음이란 무엇인가》였다. 나는 그 책을 읽고서 토드와 직접 이야기하게 되었고, 이후 그는 이 시트콤이 계속되는 동안 일종의 철학 자문역을 맡았다(마지막 시즌에 본인 역으로 등장하기도 했다). 우리가 빽빽한 윤리의 덤불 속에서 헤매다가 구조를 요청하면, 그는 인내와 유머로 우리를 안내했다. 우리가 여러 해 나눈 대화로 미루어 판단하건대 (시트콤으로 이어진 인연도 있고, 내가 그의 도움을 받아 쓴 책도 있다) 토드는《죽음이란 무엇인가》를 썼듯이 도덕철학의 어떤 측면도 불쾌한 것은 없고, 흥미롭지 않은 질문도 없다고 생각하는 사람이다. 그래서 그가 이 책의 영문판 제목이《인류는 멸종해야 할까?Should We Go Extinct?》라고 내게 알려줬을 때 나는 재밌어 했지만, 놀라지는 않았다.

우리는 철학 자문역에게 무엇을 바랄까? 내 생각에 **지성**을 갖추면 좋을 것이다. 당연히 우리보다 많이 알아야지, 그렇지 않으면 무슨 소용인가? 그러나 지식에는 흔히 우월감이나, 아니면 적어도 학술적인 글에서 묻어나는 차가운 거리감 같은 것이 동반되기 쉽다. 지구상에서 실제의 삶과 실제의 문제를 안고 살아가는 우리는 거만한 태도가 영 거북해서 우리의 철학 자문역이 **겸손**하거나, 아마도 **대화체**로 말하기를 바랄 것이다. 또한 우리의 잠을 설치게 하고 우리 의식의 어두운 부분에 웅크리고 있는 문제들을 철학 자문역이 **대담**하게 공격하고 해부하기를 바랄 것이다. 끝으로 우리는 철학 자문역이 **인간적**이기를, 간단히 말해 **친절**하기를 바랄 것이다. 이것은 철학자들에게 흔하게 적용되는 수식어는 아니지만, 기왕 우리가 배우겠다고 나선다면, 스승이 우리 편이라는 느낌을 받으면 좋겠다. 우리를 응원하고, 우리가 도달할 결과에 신경 쓰고, 그 과정에서 우리가 가는 길을 능숙하게 밝혀주는 스승 말이다.

이런 이유로 토드는 우리에게 완벽한 자문역이었고, 또한 이 책을 쓰기에 이상적인 인물이다. "인류가 꼭 존재해야 하느냐?"보다 더 거대한 질문은 많지 않다. "응, 존재해야 해"라는 대답은 안이하고 우리가 지구에 미치는 명백하게 섬뜩한 악영향을 무시하는 대답이다. "아니, 존재하면 안 돼"라는 대답은 알다시피…… 암울하다. 그리고 어떻게 답하느냐와 무관하게, 이런 질문이 나쁜 목적으로 사용되는 상황은 상상만 해도 불쾌하다.

　우리는 강고한 칸트학파 철학자에 기대어, 우리가 따를 수 있는 일정한 좌우명을 찾고 해당 쟁점에 담긴 감정적 요소는 무시할 수도 있다. 아니면 더 나쁘게는, 문제를 수량화해 계산하기에 바쁜 차가운 공리주의자나, 너무 복잡하고 이론적인 논리로 문제의 본질을 산더미 같은 허튼소리에 파묻히게 하는 또 다른 교육 기술자 밑에서 괴로워할 수도 있다. 그러나 내가 아는 토드는 겸손하고, 대화체로 말하고, 대담하고, 아주 인간적인 사상가여서 주어진 문제를 진지하게 받아들이고 우리에게 그 찬반양론을 참을성 있게 설명해준다. (그의 상당한 유머 감각도 도움이 된다. 1장은 이 문장으로 마무리된다. "그럼 이제, 인류가 존속해야 할지 한번 따져보자." 그 말 때문에 한참 웃었는데, 날 믿으시라, 그가 웃기려고 쓴 말이다.) 질문 내용은 경종을 울린다. 그런데 묻는 사람은 차분하고 상냥하기 그지없다.

거대한 질문을 던진다. 섬세하게 그 해답을 구한다. 그 작업을 따스하고, 세심하고, 인간적으로 수행한다. 이것이 바로 철학자의 일이다. 토드 메이는 5년 넘게 나의 철학 자문역이었다. 그를 여러분의 철학 자문역으로 삼으시길 진심으로 추천한다.

마이클 슈어
(방송 프로듀서, 〈굿 플레이스〉 제작자)

**일러두기**

- 본문의 각주는 모두 저자의 주다.
- 원서에서 이탤릭체로 강조된 것은 고딕체로 표기했다.
- 외국 인명과 지명은 국립국어원 표준국어대사전의 외래어 표기법 및 용례를 따랐다. 표기가 불분명한 일부는 실제 발음을 따라 표기했다.
- 국내에서 출간된 책은 한국어판 제목을, 미출간된 책은 번역 제목과 원서명을 병기했다.

# 불편한 질문

1

새벽 3시. 정확히 말하면 3시 12분. 당신이 지금 시각을 아는 이유는 방금 또 시계를 봤기 때문이다. 이 야밤에 무슨 생각을 하는가? 부르는 용어는 다를 수 있지만, 당신은 기후위기에 관해 생각한다. 아까 읽은 미국 중서부에서 발생한 홍수에 관한 기사를 생각한다. 아니면 뉴욕에서 발생한 홍수를 생각한다. 캘리포니아나 그리스에서 발생한 화재를 생각한다. 지금까지 태풍이 한 번도 온 적 없는, 당신이 사는 지역에 내려진 태풍 경보를 생각한다.

    당신의 생각은 우크라이나 전쟁과 우크라이나 국민을 핵무기로 위협하는 블라디미르 푸틴에게로 (그리고 정신없이 **모두를** 핵으로 공격하겠다고 위협하는 푸틴의 하수인 드미트리 메드베데프에게로) 옮겨간다. 정말 그런 일이 일어날까? 미리 대비해야 할까? 대비는 대체 어떻게 해야 하지?

    이어서 생각이 한 단계 깊어진다. 기후위기. 핵무기 문제. **우리가** 자초한 것들이다. 인류가 초래했다. 무슨 다른 종이 들고 일어나서 인간에게 지구를 파괴하라고 명령한 것이 아니다. 우리가 이 모든 것을 자초했다. 우리 탓이다.

만일 환경 파괴와 핵으로 인한 절멸을 우려한 지구의 동물들이 인류를 단죄하는 대회를 열 수만 있다면, 판결이 좋지 않게 나올 것임을 당신은 알고 있다. 너무나 많은 동물을 멸종시키는 우리 인류에게 아마 똑같이 멸종이라는 판결이 내려질 것이다.

그 순간 당신은 생각한다. '야, 지금 새벽 3시야. 이렇게 안 자면 내일 일하기 힘들어. 게다가 동물 대회? 무슨 황당한 소리야. 돌아누워서 좀 자라.'

하지만 정말 그게 그렇게 황당할까? 동물 대회를 말하는 것이 아니다. 그건 진짜 황당하다. 하지만 인간이 지구에 사는 수많은 동료 생명체의 삶을 파괴하고 있다는 생각, 또는 인간이 다른 수많은 사람의 삶을 망가뜨릴 전쟁을 벌일 수 있다는 생각은 그리 황당하지 않다. 오히려 사실이다. 그러면 인간의 행태에 비추어 인류가 멸종해야 할지, 인류가 사라지면 세상이 더 좋아질지 심각하게 고민해봐야 한다는 생각은 어떤가? 어쩌면 그것도 황당한 생각이 아닐지 모른다.

그러한 생각이 황당하지 않다는 바로 그 점 때문에, 나는 여기에 대해 꽤 오랫동안 생각해왔다. 실은 벌써 여러 해 전에, 이 문제와 관련해 아직 매우 초기 단계에 머물러 있던 생각을 (지금은 중단된)《뉴욕 타임스》철학 블로그 '더 스톤The Stone' 에 기고하고, 인류 멸종은 비극인 동시에 바람직할 수도 있다는 가능성을 제기했다. 인류 멸종이 비극인 이유는 두 가지다. 우선 멸종의 과정이 고통스러운 데다가 예술이나 과학처럼 인간에게 소중하고 오직 인간만이 창조할 수 있는 것들이 대부분 상실된다는 점에서 비극이다. 이에 더해 다름 아닌 인간이 그 상실을 유발한다는 점에서 비극인데 이 부분이 고전적인 비극에 해당한다. 우리는 리어왕이나 오이디푸스처럼 자멸을 자초한다.

그러나 인류의 멸종이 전부 나쁜 소식만은 아니다. 인류가 사라지면 인간이 주로 비인간 동물에게 안기는 막대한 고통도 사라질 것이다. (물론 우리는 같은 인간끼리도 서로 상당한 고통을 준다. 소셜미디어를 통한 괴롭힘만 말하는 게 아니다. 그러나 다음 장에서 내가 주장하는 대로, 우리 대다수에게 삶은 궁극적으로 살 만한 가치가 있다.) 동물끼리도 서로 고통을 준다. 당연히 그렇다. 하지만 공장식 축산을 통한 육류 소비, 삼림 벌채, 해양 플라스틱 오염, 동물실험 등으로 인류가 유발하는 엄청난 수준의 고통은 그 어떤 비인간 동물도 일으키지 못한다.

최근 부각되는 기후위기와 러시아의 우크라이나 침공, 그리고 그에 따른 핵 위기를 계기로 나는 철학 블로그에 기고한 글에 관해 다시 생각해보기 시작했다. 더 많은 것이 논의되어야 한다고 생각했다. 나는 그 글에서 인간이 지구상에서 사라지는 편이 **확실하게** 좋다고 주장한 적이 없음에도, 당시 저명한 극우 사상가들이 내가 그렇게 주장했다며 비난했다.* 나는 해당 이슈를 제대로 자세히 정리하려면 좀 더 철저하게 검토해야 할 복잡한 문제들이 있다는 것을 그 글 여러 군데에서 지적했다. 바로 그 복잡한 문제들이 나를 다시 생각에 잠기게 했다. 핵 재앙이나 그보다 좀 더 가능성이 큰 환경 파괴 심화라는 문제에 비추어, 인류의 종말이 궁극적으로 좋은 일이냐는 질문을 더 꾸준히 재검토하는 것이 가치 있는 작업이라는 생각이 들기 시작했다.

사람들은 대부분 인류 멸종을 나쁜 일로 여긴다. 틀린 생각이 아닐 수 있다. 그러나 맞는 생각도 아닐 수 있다. 여기서 내가 이 문제를 몇 가지 다른 관점에서 차근히 검토해 제시하려는 것은 우리는 누구이고 어떤 상태에 놓여 있으며, 어디로 향하거나 향하고 있지 않은지, 그리고 어디로 향해야 하거나 향하면 안 되는지를 깨우쳐줄 수 있는, 인간 존재의 극단성에 관한 성찰이다.

---

* 예상대로 우파들이 여러 날 동안 내게 심술궂은 이메일을 보냈고, 문장은 조금씩 달라도 거의 모든 이메일이 "너나 멸종하시지?"라는 취지의 내용을 담고 있었다. 극우의 기분을 상하게 하는 공개 발언에 대응해 포춘쿠키 문구를 제작하듯 상투적인 반응을 생성하는 사무소가 어딘가에 존재하는 것이 틀림없다.

# 여기서
# 우리의 진짜 질문은
# 무엇인가?

우선 여기서 말하는 성찰과 자칫 혼동할 수 있는 또 다른 성찰을 구분하고자 한다. 어쨌거나 요즘은 인류 멸종과 멸종 위기에 관해 논의도 많고 글도 많이 나온다. 그 논의와 글들을 보면 흔히 '기후 염려증'이나 '기후 우울증'을 거론하면서 기후위기를 통탄하고 이 위기가 미래에 우리의 자녀와 손녀·손자 세대는 물론 점차 우리 세대에 미칠 영향까지 걱정한다.

기후 염려증과 기후 우울증은 동일하지 않지만 서로 연관된다. 기후 염려증은 환경 파괴와 그것이 미래에 예고하는 바를 걱정하는 심리 상태를 말한다. 여기서 미래는 넓게는 미래 세대를 포괄하지만, 특히 본인이 아끼는 사람들의 미래를 뜻할 때가 많다. 이 세상에 다음 세대를 탄생시켜야 할지 걱정하며 망설이거나, 아니면 확실하게 그러지 않기로 결심한 젊은 이들을 흔히 접할 수 있다. 그들은 기후위기는 앞으로도 계속 악화일로일 것이고, 자녀를 낳았을 때 아이들이 살아갈 세상은 최선의 경우에도 환경문제가 심각할 확률이 높다는 지극히 이성적인 결론을 내렸다. 어차피 기후위기의 효과는 지연되어 나타난다. 오늘 우리가 겪는 상황은 과거에 일어난 탄소 배출의 결과다. 그리고 지금 일어나는 탄소 배출은 지금 우리가 겪는 것보다 더 강력하고 위험한 재난을 일으켜 현재의 재난 상황을 더 악화시킬 것이다. 게다가 오늘 당장 온실가스 배출을 중단한다고 해도, 지금까지 이루어진 배출로 인해 상황이 계속 악화하는 효과를 방지할 수는 없다.

기후 우울증은 기후 염려증이 조금 더 진행된 상태다. 기후 염려증이 앞으로 무슨 일이 생길지에 대한 걱정이라면, 기후 우울증은 그로 인한 슬픔의 한 형태다. 기후 재앙의 불가피함을 인정하고 미리 슬퍼한다. 어차피 총체적인 인류 멸망이 일어날 거라면 나중에는 슬퍼할 사람도 많이 남아 있지 않을 테니 지금부터 슬퍼하는 게 낫다고 주장할 수 있다.

어쨌든 우리가 이 책에서 시도하는 성찰은 어떤 의미에서 그런 우려들을 전제로 한다. 기후 염려증과 기후 우울증은 인류 멸종이나 멸종에 근접한 상황을 나쁜 일로 가정한다. (또는 최소한 슬픈 일로 가정한다. 비록 새벽 3시에 맞이하는 최고로 암울한 순간에는 인류 멸종이 적절하게 여겨질 수 있어도 말이다.) 나는 바로 그런 가정에 현미경을 들이대고 싶다.\*

물론 모든 종은 언젠가는 멸종한다. 인간이라고 예외일 수 없다. 그렇다면 어떤 사람은 이렇게 말할지 모른다. 어차피 인간도 멸종한다면, 우리가 멸종해야 할지, 말아야 할지 고민해야 할 이유가 있나? 그런 질문을 왜 하는데?

인정한다. 인간이 장기적으로 멸종을 피할 수 있다고 생각할 이유는 없다. 그렇지만 이러한 불가피함은 아직 답하지 못한 두 가지 거대한 도덕 문제를 남긴다. 첫 번째는, 인류가 좀 더 일찍 멸종하는 편이 낫지 않은가다. 수백 년, 또는 아주 머나먼 미래까지 미루지 말고 한두 세대 안으로 사라져버리는 편이 낫지 않을까? 이어지는 2장과 3장에서 이 문제를 다룬다.

또 다른 도덕 문제도 있다. 인류가 멸종하는 것이 낫다고 생각할 이유가 조금이라도 있을 경우, 그 이유를 완화하기 위해 할 수 있는 일이 있을까? 지구에서 우리가 정당하게 존속하기 위해 뭔가 더 해볼 수 있지 않을까? 이 문제는 4장에서 집중해서 다룬다.

* 인류 멸종을 좋은 일로 단정하는 사람도 기후 염려증이나 기후 우울증을 충분히 겪을 수 있다. 그 두 가지가 반드시 충돌하지는 않는다. 이를테면 어떤 못된 친척이 죽어서 세상이 더 좋아졌다고 생각하더라도, 동시에 그 죽음을 슬퍼할 수 있다.

# 인류 멸종은
## 어떤 식으로
## 일어날까?

인류가 계속 존재해도 되겠냐는 물음에 맞설 때 가장 먼저 해야 할 일은 만일 인류가 멸종한다면, 그 멸종이 어떤 식으로 일어날지 이해하는 것이다. 고려해야 할 시나리오가 여러 개 있는데, 현실성이 큰 것도 있고 덜한 것도 있다(에밀 토레스Émile P. Torres는 멸종에 관한 사상의 역사를 포괄적으로 다룬 저서 《인류 멸종Human Extinction》에서 그중 몇 가지를 검토한다).[1] 그러나 멸종이라고 다 같지 않다. 어떤 멸종은 인류라는 범주를 훨씬 넘어서 재앙적인 결과를 가져올 수 있으므로 도덕적으로 고려할 가치가 없다. 다른 멸종은 좀 더 복잡하다.

 우리는 일어날 수 있는 시나리오 두 가지를 이미 언급했다. 기후위기와 핵으로 인한 멸망이다. 핵 멸망은 우리의 목적상 적합하지 않다. (사실 여러 목적상 적합하지 않다.) 문제는 파괴의 범위가 지나치게 넓다는 점이다. 인류를 파멸시키거나 거의 파멸시킬 정도로 강력한 핵 재앙은 다른 수많은 생명체도 함께 전멸시킨다. 이에 대해서는 잠시 후에 다시 다룬다. 핵 재앙으로 방출되는 방사선은 온갖 생명체를 대거 사멸시키고, 더 나아가 수십 년, 심지어 수백 년 동안 생명체의 번성을 어렵게 할 것이다. 근본적으로 우리가 이런 식으로 멸종하면 다른 대다수의 생명체를 함께 데리고 사라지는 것이므로, 우리가 사라짐으로써 다른 생명체가 얻을 수 있는 이익이 대부분 무효로 돌아간다. 나머지 생명체를 전부 파괴하고 사라지는 셈이다. 대규모 핵 재앙 가능성에 관해 생각하거나 걱정할 만한 분명한 이유가 없다는 뜻이 아니라, 인류 존속의 도덕 문제를 생각할 때 핵 멸망 시나리오는 별로 도움이 안 된다는 뜻이다.

그렇다면 기후위기는 어떤가? 내가 보기에는 우리가 고려할 만한 시나리오에 더 가까워 보인다. 그러나 기후위기도 완벽하지는 않다. 기후위기 때문에 인류가 제거되는 과정에서 다른 여러 종(특히 인간이 길들인 동물종)이 함께 제거된다고 해도, 현존하는 많은 종이 진화하거나 다시 증가할 여지는 남을 것이다. 따라서 그게 장점이다. 또한 환경 파괴를 부추기는 일에 특화된 단일종의 지속적인 파괴 위협도 중단될 것이다. 반면에 기후위기는 다른 종들이 사는 생태계에 효과를 미침으로써 그 종들에게도 직간접으로 영향을 준다. 다양한 어류 개체 수가 급감하고, 산호 백화 현상이 일어나고, 북극곰의 생존에 필요한 빙하가 녹아 없어지는 등, 우리는 벌써 기후위기가 다른 종에 미치는 영향을 일부 목격하고 있다.

일어날 수 있는 세 번째 멸종 시나리오는 최근 일각에서 주목하는 부분으로, 다른 종보다 인간에게 더 치명적인 감염병의 전 세계적 유행이다. 코로나바이러스가 지금은 잠잠해진 것처럼 보여도 또 다른 바이러스가 우리를 기습하지 않는다는 보장이 없고, 다음, 또는 그다음 감염병은 이전보다 더 억제하기 어려울 수 있다.

어쩌면 우리의 목적상 가장 깔끔한 시나리오 하나는, 지극히 허무맹랑하지만 바로 그 깔끔함 때문에 잠시 논의할 만하다. 이른바 〈칠드런 오브 맨Children of Men〉 시나리오로 동명의 소설(《사람의 아이들》이라는 제목으로 국내에 번역 출간됐다—옮긴이)과 영화에서 따온 명칭이다. 〈칠드런 오브 맨〉의 줄거리는 모든 사건이 펼쳐지기에 앞서 불임의 세상에서 출발한다. 남자들의 정자 수가 0으로 줄어들면서 인간 멸종의 가능성이 닥쳐온다는 설정이다. 환경오염에 의한 독소가 남성의 정자 수를 줄인다는 이야기는 들어봤지만, 〈칠드런 오브 맨〉 시나리오는 일단 현재로서는 별 현실성이 없어 보인다.

다른 시나리오를 더 살펴볼 수도 있지만, 여기서 검토한 네 가지 중 어느 하나와 비슷할 가능성이 크다. 이를테면 세상에 자원이 점점 희소해져서 사람들이 기초 생필품을 놓고 끊임없이 폭력적인 싸움을 벌이다가 종국에는 다 죽고 싸울 사람조차 남지 않는 상황을 상상해볼 수 있다. 그러나 그 자체로 별개의 시나리오라기보다는 기후위기의 끝판에 볼 수 있는 상황, 다시 말해 기후위기의 최종 단계가 구체적으로 어떻게 펼쳐질지를 보여주는 시나리오에 가까운 듯하다. 끝으로, 태양의 점진적인 확장에 의한 지구 멸망이라는 완전히 현실성 있는 시나리오가 존재한다. 이것은 앞으로 당연히 벌어질 일이고, 그렇게 되면 인류도 멸망한다. 우리가 그렇게 오래 살아남는다고 가정한다면 말이다(아마 비현실적인 가정일 것이다). 하지만 이때 다른 종도 전부 절멸할 테니 인류 멸종의 장단점을 평가하는 일에 큰 도움이 되지 않는다.

## 그냥 인구가 감소하면 어떨까?

이제 당신은 이 논의를 계속 진행하는 일이 망설여질 것이다. 핵 재앙을 포함한 그 어떤 현실적인 시나리오에서도, 인간이 전멸할 것으로 믿을 만한 이유는 없어 보인다. 인류는 멸종하기보다 일종의 주변적 존재가 될 가능성이 더 크지 않을까? 인류는 살아남지만, 소규모로 무리 지어 살고 그 무리마다 서로 멀리 떨어져서 어쩌면 소통하지 못할 수도 있다. 우리가 검토하는 시나리오들에서는 그렇게 될 개연성이 인류의 완전한 멸종보다 크지 않을까?

 이것은 중요한 의구심이다. 이후의 장에서 이 문제를 다시 짚어보겠지만, 여기서 일단 일차적인 답변을 제시하겠다. 첫째, 나는 그 의구심 자체에 의문이 든다. 인류가 멸망하지 않고 여기저기 흩어져서 소그룹으로 살아간다고 해보자. 결국 인간은 서로를 찾아내고, 더 큰 공동체를 꾸리고, 이미 지나온 인류의 역사를 답습하면서 조만간 지금 우리가 처한 상황과 동일하거나 최소한 충분히 흡사한 상태에 놓일 수 있다. 더 큰 공동체를 유지하려면 농사를 지어야 하고, 그러다 보면 공동체의 규모는 더욱 커진다. 그러면 식량이 더 필요해져 공장식 축산, 산업화, 항공 여행, 과소비가 확산되고, 결국 또 다른 기후위기와 다른 형태의 환경 파괴가 진행될 것이다.

 하지만 그렇게 되지 않았다고 치자. 유럽인이 도달하기 전에 미국 원주민이 살던 방식처럼, 사람들이 그냥 소그룹을 지어 계속 서로 분리된 채 지속 가능한 방식으로 살았다고 해보자. 이것을 멸종 시나리오에 대한 '우호적인 수정안'으로 칭할 수 있다. 〈칠드런 오브 맨〉 시나리오에서는 이것이 불가능하지만, 그런 시나리오가 완전하게 현실화될 가능성은 미미하다. 그러나 기후 재앙 시나리오에서는 적어도 소그룹의 인간이 존속할 것으로 생각할 만한 일정한 근거가 있고, 그들이 지속 가능한 식량 생산과 환경 보호의 교훈, 즉 유럽인들이 학살한 원주민들에게서 처음에 얻지 못한 교훈을 새긴다면, 인간종이 장기적으로 존속하는 상황을 상상할 수 있다. 인류가 멸종하는 것과 인류가 훨씬 소규모로 존속하는 것의 차이가 얼마나 중요한지에 관해서는 앞으로 좀 더 살펴본다.

## 인류가 집단으로 자살한다면?

내가 사람들에게 인류 멸종의 가능성을 언급하면, 다들 항상 이렇게 묻는다. (여기서 '다들'이란, 내가 실제로 이런 이야기를 꺼내 대화할 수 있는 몇 안 되는 관대한 사람들을 말한다.) "우리가 멸종하는 것이 그렇게 좋은 일이라면, 아예 빨리 앞당기면 안 되나요? 인류가 집단 자살하면 어떨까요?" 현존하는 인간이 그렇게 심한 파괴를 저지른다면(실제로 저지른다) 기후위기나 어떤 다른 재앙이 인류 멸망을 불러올 때까지 기다릴 일이 아니라 차라리 지금 당장 스스로 끝장을 내야 할지 고민해야 하지 않겠냐는 물음이다.

하지만 여기에는 문제가 있다. 인류의 멸망이 바람직하다고 결론 내릴 경우에도(우리가 꼭 그렇게 결론 내릴 거라는 이야기는 아니다) 인류의 집단 자살은 우리가 이제까지 검토한 멸종 방식과는 최소한 두 가지 이유에서 **도덕적으로** 큰 차이가 있다. 첫째, 사람들에게 자살하라는 요청은 어떤 도덕적 관점에서 보더라도 너무 엄청난 희생을 요구하는 일이다. (그리고 당연히 눈살이 찌푸려지는 일이다.) 물론 사람이 스스로 목숨을 끊어도 좋다고 생각되는 상황이 드물게 있을 수 있다. 내 생각에 대부분의 부모는 자식을 살리기 위해서라면 자기 목숨을 내놓으려고 할 것이다. 자신이 믿는 대의명분이나 이념이나 조국을 위해서 목숨을 바치려고 하거나 실제로 바치는 사람도 많다. 내가 이 부분을 써 내려가는 동안, 우크라이나 국민은 러시아의 잔혹한 침공에 맞서 저항하고 있다. 지금까지 수많은 우크라이나인이 그들이 아끼는 사람들을 위해서, 그리고 조국의 존속을 위해서 기꺼이 자기 목숨을 희생했다. 그런 경우는 존경할 만하지만, 다른 대부분의 경우에는 사람들에게 목숨을 버리라고 요구할 수 없을 듯하다. 더구나 환경에 부담을 주지 않기 위해서, 또는 다른 비인간 동물을 살리기 위해서 스스로 목숨을 끊으라고 요구하거나 비난조로 그럴 **의무**가 있다고 말하는 것은, 우리 대다수가 타당하게 여기는 범위를 벗어나는 도덕 책임을 사람들에게 지우는 일이다.

환경 파괴와 동물이 받는 고통을 보고 인간이 더 태어나면 안 되겠다고 말할 수는 있다. 그렇게 말해도 앞으로 태어날 인간에게 문제가 생기지 않는다. 왜냐고? 이유는 간단하다. 태어나려고 대기 중인 누군가가 존재하지는 않기 때문이다. 잉태되려고 기다리는데 잉태되지 못해서 태어나지 못하고 있는, 예컨대 프레드라는 어떤 특정인이 존재하는 것이 아니다. 앞으로 태어나지 못할 특정인이 존재하지 않으므로, 그런 의미에서 인류 멸종은 앞으로 태어나지 못할 사람에게는 손실이 아니다. 프레드가 없으면 손해 볼 사람도 없다. 그렇지만 당신의 생각처럼 자살은 존재하는 우리 대다수에게 엄청난 손실이다.

게다가 현존하는 인간에게 자기희생을 요구하는 시나리오의 경우, 우리는 친구들과 사랑하는 사람들도 목숨을 잃게 될 것을 안다. 이 시나리오는 개인적 자살을 요구하는 것만큼이나 나쁘고, 어떤 면에서는 그 이상으로 괴로운 일이다. (친척 중에 예외로 생각되는 몇몇 사람이 떠오를 수는 있다. 당신의 양심에 맡긴다.) 사랑하는 사람들을 위해 목숨을 끊는 것이 아니라 사랑하는 사람들과 함께 목숨을 끊으라는 요구를 들었다고 상상해보라. 그건 개인적인 희생과는 아주 다른 이야기다. 인류 전체의 희생이 다른 생명체와 다양한 생태계에 진정으로 바람직하다는 말을 들었다고 해서, 그 사실이 지금 이 세상에서 서로 관계 맺으며 함께 살아가는 삶을 포기하는 일을 정당하게 만들지는 않는다.

# 인간이 사라지면 세상은 정말 더 나아질까?

집단 자살을 배제했을 때(다행이다!) 인류가 멸종하는 편이 더 낫냐는 질문을 어떻게 접근해야 할까? 우선 확실히 해두기 위해서, 그 질문에 관해 우리가 채택하지 **않을** 접근법을 먼저 제시하고자 한다. 이것을 짚고 넘어가는 이유는 해당 이슈를 자칫 그런 식으로 규정하고 싶은 유혹이 들 수 있고, 또한 내가 최선의 접근법으로 여기는 방식과 혼동하기 쉽기 때문이다.

우리는 인류가 멸종해야 **마땅한지** 묻지 않을 것이다. 그런 물음 밑에 깔린 생각은 대략 다음과 같다. 우리 인간은 근래에 비인간 생명체에 대단한 해악을 끼쳤다. 인구 과잉, 공장식 축산, 플라스틱 생산, 온실가스 배출, 동물실험 등 서로 연계된 활동을 통해 지구에 계속 살기 위한 도덕적인 자격을 스스로 훼손했다. 우리는 우리가 저지른 행동에 책임을 져야 하며, 여기에 유일하게 적합한 처벌은 우리의 존속을 중단하는 것이므로 인류 멸종은 적절한 보복 조치다.

이슈를 이런 식으로 접근할 때 생기는 문제는, 인류와 연관된 환경 파괴의 책임이 인류 전체에게 있다고 말하는 오류를 저지르게 된다는 점이다. 사실 대다수 인간은 다른 생명체와 생태계가 입은 피해에 대해 최소한의 책임만 진다. 핵 멸망 가능성과 관련된 문제가 애초에 대부분 남성으로 이루어진 백인 유럽인과 미국인 집단에서 시작된 것처럼(그건 지금도 마찬가지다) 기후위기와 그와 관련된 환경 재난도 대부분 유럽인과 유럽계 후손들이 만든 결과물이다. 게다가 주된 책임은 유럽계 중에서도 일부에게만 돌아간다. 일반적으로 우리는 벌을 받을 만한 일을 저지른 사람을 벌한다. 그러나 대다수의 인간, 특히 개발도상국 국민들은 기후위기에 기여할 만한 일을 거의 하지 않았는데 왜 그들이 멸종해야 마땅한가?

그렇지만 인류 가운데 비교적 소수가 환경문제의 주범이라고 하더라도 궁극적으로 인간이 너무 많고, 그로 인한 엄청난 총소비량이 다른 생명체와 그들이 서식하는 생태계의 존속과 번영에 위협이 되는 것은 엄연한 사실이다. 인류 멸종이라는 도덕적 물음을 일으키는 이 힘든 문제에 대다수 인간이 개별적으로 기여하는 바는 미미하지만, 인류가 집합적으로 가하는 위협은 엄청나다.

그렇다면, 비록 인간이라는 종이 멸종당해 **마땅하지** 않다고 해도, 멸종하면 결과적으로 더 좋은 것 아닌가? 그게 바로 우리가 던지는 질문이다. 인간이 환경에 끼치는 모든 해악과 다른 생명체에게 가하는 모든 고통을 감안했을 때, 우리 종이 계속 번식해서 존속하기보다는 없어지는 편이 **더 나은 결과**를 가져오지 않을까?

# 공리주의로 인류 멸종 생각하기

공리주의는 도덕철학에서 가장 중요한 이론 중 하나로 수많은 도덕 쟁점을 고민할 때 도움이 된다. 그래서 우리도 이어지는 장에서 활용할 것이다. 그러나 공리주의는 이 책에서 다루는 내용처럼 복잡한 도덕 딜레마를 지나치게 단순화하는 경향이 있으므로 조심해야 한다. 좀 더 설명하겠다.

공리주의는 18세기 사상가 제러미 벤담의 철학에서 유래해 19세기에 존 스튜어트 밀로 이어진다. 벤담은 최대의 쾌락을 가져다주는 행위가 곧 도덕적으로도 옳은 행위라고 생각했다. 벤담이 쾌락을 측정하는 방법이 있는데 여기서 길게 다룰 필요는 없고(섬뜩하거나 그래서는 아니고, 그냥 복잡해서…… 하긴 좀 괴상한 부분도 있다), 그가 목표로 삼는 것은 쾌락의 증대, 더 정확히 말해서 쾌락이 고통보다 큰 상태다. 벤담에게는 쾌락이 행복의 유일한 척도고, 삶의 모든 좋은 측면은 바로 그 척도로 설명될 수 있다. 도덕에 대한 옳은 접근법은 어떻게 행동하면 쾌락이 고통을 초과해 최대화될지, 또는 좀 더 유감스러운 상황이라면 어떻게 해야 고통이 최소화될지 묻고 그 행동을 실행에 옮기는 것이다.

이런 판단법에 동물도 포함해야 할까? 벤담은 시대를 훨씬 앞서가는 사람이었고, 어떤 점에서는 우리보다도 앞서 있었다. 그는 동물의 고통과 쾌락도 인간의 고통과 쾌락과 동등하게 **여겨야 한다**고 믿었다. 대다수의 철학자는 최근까지도 도덕 문제에서 비인간 동물의 고통을 일반적으로 무시했지만, 벤담은 그런 생각을 거부했다. 그의 관점에서 중요한 것은 쾌락과 고통이지 이성이 아니었다. "관건은 이성적으로 사고할 수 있느냐 또는 말할 수 있느냐가 아니라, 고통을 느낄 수 있느냐는 것이다. 감각을 느끼는 존재라면 법이 보호를 거부해야 할 이유가 있을까?"[2] 매우 자주 인용되는 구절이다.

밀도 고통과 쾌락이 중요하다는 벤담의 생각에는 동의했으나 거기에 한 가지 세부 사항을 추가해 인간에게, 그리고 심지어 인간 중에서도 일부에게 특권을 되돌려주었다. 밀은 쾌락에는 고급 쾌락과 저급 쾌락, 두 종류가 있다고 생각했다. 고급 쾌락은 저급 쾌락보다 우월하고 질이 다르다고 생각했다. 인간은 기회가 주어진다면 언제나 저급 쾌락보다는 고급 쾌락을 선택한다는 것이 그의 관점이었다.

밀의 고급 쾌락, 저급 쾌락 구분은 비인간 동물을 불리한 처지로 밀어 넣었다. 어차피 동물은 오페라 감상이나 야구 경기를 보는 쾌락을 경험할 수 없으므로 그들의 선호는 중요성을 잃는다. 밀 자신도 그런 관점을 수용하면서 이렇게 적었다. "배부른 돼지보다 배고픈 인간이 되는 것이 낫다. 만족한 바보보다는 불만족한 소크라테스가 되는 것이 낫다. 그 바보나 돼지가 이것과 의견을 달리한다면, 이 문제에서 오로지 자기 입장만 알기 때문이다."[3] (소크라테스라고 했나? 그 불만에 찬 철학자가 가장 고상한 형태의 행복을 대변하는 모델로 제시되다니.)

벤담과 밀의 전통적인 공리주의는 어떤 일의 결과를 측량하는 두어 가지 간단한 척도를 우리에게 제시하는데, 둘 다 쾌락이라는 단일한 선의 증대와 관계있다. 하지만 이 공리주의가 정말로 우리의 목적상 적합할까? 인류가 유발하는 고통과 수난에도 불구하고 인류의 존속이 결과적으로 그만한 가치가 있을지 판단할 때 사용할 도구로서 좀 지나치게 둔탁하지 않을까? 이런 상황을 생각해보자.

인간이 다른 동물에게 끼치는 고통의 양을 측정할 수 있다고 가정해보자. 특정한 숫자를 매길 수는 없더라도 우리는 그 양이 엄청나다는 것을 안다. 매년 동물 수십억 마리가 인간의 소비를 위해 사육되고, 대부분이 끔찍한 조건에서 짧고 고통스러운 삶을 살다 간다. 그 고통을 대략 저울로 잴 수 있다고 해보자. 이때 저울 반대편에는 무엇을 올려놓을 수 있을까? 어떤 쾌락을 올려놓아야 저울이 반대 방향으로 기울어질까? 과학, 문학, 오페라, 야구의 존재 가치는 어떻게 측정할까? 밀이 쾌락에 고급과 저급으로 단순 서열을 매긴 것은 잘못이라 하더라도 확실히 뭔가를 포착하긴 했다. 모든 결과를 벤담이 쓰는 단일한 척도로 손쉽게 축소해버릴 수는 없다는 점 말이다.

게다가 전통적인 공리주의가 더욱 불안감을 야기하는 부분은, 벤담이 제시하는 것과 같은 단순한 척도를 사용하다가 자칫하면 인류의 집단 자살이 도덕적으로 가능한지에 대한 문제를 다시 검토하게 될 수 있다는 점이다. 공장식 축산, 생태계 파괴, 해양 플라스틱 오염, 기후위기 유발 등을 통해 우리가 다른 살아 있는 수십억 동물에게 주는 그 모든 고통을 생각해보

자. 그리고 그 모든 고통을 인류의 집단 자살이라는 고통과 비교해 측정한다고 해보자. 이 경우 우리가 겪을 고통의 총량이 우리가 다른 생명체에 주는 고통의 총량보다 더 클지 사실 전혀 확실하지 않다. 아니면 또 다른 관점에서, 인류가 최대한 고통 없이 전부 스스로 목숨을 끊는다고 치자. 그로 인해 생기는 고통은 얼마만큼이고, 현재와 미래의 동물이 공장식 축산 등을 겪지 않아서 줄어드는 고통은 얼마나 될까?<sup>*</sup>

공리주의 논리에 따르면, 인간이 다 사라지면 인간의 축산 방식을 통해 태어나 고통을 겪을 동물이 태어나지 않게 될 테니 동물의 고통이 감소한다. 혹시 태어나더라도 전반적으로 이전보다는 나은 상황에 놓인다. 우리가 멸종하면 물고기 배 속에서 미세 플라스틱도 사라지고, 아마존 우림과 거기에 서식하는 생명체가 훼손되는 일이나 북극 빙하 감소로 인한 북극곰의 굶주림도 멈추고, 어쩌면 가장 지독한 사례일 공장식 축산으로 사육되는 수십억 마리의 소, 돼지, 닭의 고통도 멈춘다.

전통적인 공리주의 관점이 우리에게 도움이 되지 않는다

---

* '미래의 동물'을 거론할 때는 조금 주의해야 한다. 특정 미래 인간이 존재하지 않듯(프레드를 상기하자) 특정 미래 동물은 없다. 미래에 존재하게 될 동물은 있겠지만, 지금 이 순간에 존재하는 '미래의 동물'이란 없다. 당신의 부모가 당신을 낳기 전에는 특정 당신이 미래의 당신으로서 존재하지 않았던 것과 마찬가지로 '미래의 동물'이라는 범주에 해당하는 특정 동물도 존재하지 않는다.

는 주장을 하려고 이렇게 길게 적은 것이 아니다. 앞으로 살펴보겠지만, 어떤 점에서는 공리주의가 상당히 중요하다. 그러나 우리의 성찰을 오로지 공리주의에만 의존할 수는 없다. 따라서 논의에 공리주의를 이용하더라도 지배적인 틀로 삼지는 않는다. 인류 멸종이라는 문제에 접근하려면 좀 더 다각적인 접근법이 필요하다. 철학자들이 흔히 '다원주의'라고 부르는 관점을 취해야 한다. 도덕적 선악은 다양한 모습일 수 있으므로 거기에 어떤 중요한 문제가 걸려 있는지 전체적으로 잘 파악하려면 다양한 관점에서 살펴봐야 한다는 것이 다원주의적 인식이다. 이런 섬세한 접근법은 좀 더 풍부하고 또렷한 방식으로 우리 존재와 거기에 관련된 문제점을 이해할 수 있도록 돕는다.

## 누가 질문하는 주체인가?

하지만 그 작업에 돌입하기 전에 거론해야 할 틀 개념이 하나 더 있다. 이것은 또 새롭게 복잡한 문제들을 일으키기 때문에 일단 여기서는 간단히 개요만 제시하겠다. 나중에 좀 더 살을 붙이기로 하자.

요점은 이렇다. 여기서 우리가 제기하는 물음이, 그리고 더 중요하게는 그 물음이 유발하는 도덕적 성찰이 인간의 관점에서 나온다는 점이다. 당연하게 들릴 수 있다. 그러나 그 함의는 당연하지 않을 수 있다.

우선, 고통과 쾌락 또는 삶에 대한 애착 같은 비인간 동물의 경험을 가늠하는 일은 동물의 행동에 대한 인간의 해석을 통해서만 가능하다. 동물이 어떻게 느끼고 경험하는지 직접 물어볼 수 없다. (물어볼 수야 있다. 그러나 오리에게 살아 있다는 것을 진정으로 어떻게 느끼는지 대답을 듣기는 어렵다.) 이것은 불가피하다. '인간중심주의'를 행사하는 것 같지만, 다른 대안은 없다. 우리가 다른 동물을 어떻게 대하고 다른 동물과 어떤 관계를 맺는지 질문하려면 인간의 관점에서 할 수밖에 없다. 대안은 우리가 다른 생명체와 맺는 도덕적 관계를 아예 생각하지 않는 것뿐이다.

생각해볼 문제가 또 있다. 나라면 인간이 없는 세상을 상상할 때 대자연의 아름다움을 떠올릴 것이다. 그 아름다움은 인간인 내게 아름다움으로 인식된다. 따라서 인간이 아름다움으로 인식하는 어떤 것이 있고, 그것은 계속 존재하는데 그 아름다움을 인식할 인간이 없다면, 이 사실을 어떻게 바라볼 수 있을까? 이 수수께끼를 우리는 3장에서 좀 더 살펴본다.

'인간의' 관점이라는 개념에 대한 내 태도가 좀 태평해 보일 수도 있다. 어차피 인간에게도 수많은 관점이 있고, 인류가 멸종해야 하느냐는 물음에도 다양한 접근 방식이 있지 않은가? 내가 **유일한** 인간 관점을 대변하는 듯한 태도는 약간 주제넘지 않은가? 하지만 이어지는 장에서 다룰 여러 가지 우려와 고려 사항은 인류 대다수에게 도덕적으로 의미 있게 인식될 것이다. 모든 사람이 내 말에 전부 동의할 것이라는 뜻이 아니라, 내 관점이 비록 여럿 중 하나에 불과해도 뚜렷하게 도덕적인 관점일 것이라는 뜻이다. 따라서 내가 인간의 관점, 또는 더 넓게 말해서 '우리'에게 들 수 있는 생각을 언급할 때는, 당신은 이 관점을 인간에게 내재하는 관점으로, 다시 말해 반드시 인간이어야만 고려하거나 내세울 수 있는 관점으로 받아들이면 된다.

그럼 이제, 인류가 존속해야 할지 한번 따져보자.

먼저 좋은 소식부터 살펴보자. 어찌 됐든 인류에 관해 긍정적으로 말할 만한 부분은 많다. 아마 모든 인간은 아니어도 다수에게는 분명히 해당한다. 어쩌면 인류가 존속하는 쪽으로 저울이 기울어지기에 충분할지도 모른다. 마음을 굳게 먹고 저울 반대편을 보기 전에, 우선 긍정적인 면에 초점을 맞추자.

(최소한 내가 아는) 부모들은 새로 인간을 세상에 내보내고자 할 때 무엇보다 그들이 행복하기를, 적어도 인생이 살 가치가 있다고 여길 만큼은 행복하기를 바란다. 우리는 몇몇 예외를 제외하면 거의 모든 사람의 인생이 살 가치가 있다고 생각한다. 따라서 일단은 인간을 더 낳을 이유가 있어 보인다. 인간을 더 낳을 **의무**가 있다고까지 말하지는 않겠다. 그러나 좋은 삶이나 품위 있는 삶을 누릴 수 있다는 사실은 인간을 더 낳을 이유가 된다. (이것은 육아의 경제적 부담, 정신적인 스트레스, 그냥 아이를 별로 원하지 않는 마음 등 다른 수많은 반대 이유에 의해 상쇄될 수 있다.)

상황을 좀 더 넓게 바라보면, 살 만한 인생을 사는 사람들이 지구에 존재하는 것은 전반적으로 좋은 일이라고 말할 수 있다. 본인들에게도 좋을 뿐 아니라 그들이 없을 때보다 있을 때 세상에 행복이 더 증대되기 때문이다. 그러므로 인간종을 존속시키자!

# 그러나 삶이 '정말로' 살 만한 가치가 있을까?

잠깐, 뭐라고? 하필 우리 자신에 대해 기분이 좋아지려는 참에 삶이 살 만하지 않을 수도 있다는 생각을 꼭 해야겠는가? 심한 고통에 시달리는 사람이나 성가신 철학자가 아니고서야 대체 누가 그런 생각을 하겠나?

우리는 후자를 지목한다.

철학자 데이비드 베너타 David Benatar의 책은 이 문제를 생각하는 사람들 사이에서 지금도 영향력을 발휘한다. 《태어나지 않는 것이 낫다》라니, 제목도 그보다 더 적절하기 어렵다.[1] 베너타는 이 책에서 인간의 삶은 정말로 살 만한 가치가 없고 인간을 낳지 말아야 한다는 서로 연관된 두 가지를 주장한다.

따라서 그는 인류 멸종에 '찬성'하는 편에 선다. 그의 말이 옳을까?

인간을 낳지 말자는 베너타의 주장에는 구체적으로 살펴야 할 측면이 다소 있지만, 인간 대다수의 삶이, 그러니까, '엿같다'는 생각을 옹호하는 논리가 꽤 간명하다. 그가 보기에는 무엇보다 우리가 언젠가 죽는다는 사실에서 생기는 고통의 불가피함이, 살면서 경험하는 어떤 쾌락이나 행복도 상쇄한다. 거기에 굶주림, 목마름, 전반적인 피로 같은 일상생활에서 느끼는 각종 불쾌함을 비롯해 후회, 분개, 아끼는 사람들의 죽음 같은 더 유의미한 경험까지 합하면, 베너타가 볼 때 그 모든 것을 감수할 만큼 삶을 가치 있게 만드는 요소는 충분치 않다.

상당히 암울한 생각이다. 그러나 그에게 이렇게 물어볼 수 있다. 그 고통과 죽음의 불가피성 때문에 살 가치가 없다면, 왜 사람들은 대부분 삶에 애착을 갖는가? 인생이 살 만한지 또는 태어나서 다행으로 생각하는지 사람들에게 물어보면, 왜 대체로 긍정적으로 대답할까?

베너타가 보기에 이것은 몇 가지 심리적인 원리와 관련 있다. 첫째, 베너타는 인간이 스스로를 기만한다고 생각한다. 그가 보기에 가장 중요한 것은 폴리아나 원리Pollyanna principle다. 인간이 자기 인생을 실제로 지닌 장점보다 훨씬 더 낙관적으로 바라본다는 원리다. 부정적인 경험보다 긍정적인 경험을 더 잘 기억하고, 미래에 일어날 일을 실제보다 더 낙관적으로 생각한다는 것이다. 또한 베너타는 인간이 현재 상황에 맞게 자신의 선호를 조정한다는 점을 지적한다. 그게 바로 철학자 아마르티아 센Amartya Sen이 말하는 '적응된 선호adaptive preferences'2다. 예컨대 외지고 가난한 지역에 사는 사람은 의사나 변호사보다는 자영농민이 되기를 바라기 쉽다. 의사나 변호사가 된다는 생각을 아예 하지 않는다. 의사나 변호사가 뭔지 몰라서가 아니다. 아마 알 것이다. 하지만 그보다는 본인이 처한 상황에서 현실성 있어 보이는 직종으로 자신의 선호를 적응시킨다.

    베너타가 보기에 적응된 선호는 실존적 기술이다. 인생이 사실은 그다지 행복하지 않다는 뼈아픈 인식으로부터 적응된 선호가 우리를 보호한다는 것이다. 나보다 훨씬 열악하게 사는 사람들에 비하면 내 삶은 그럭저럭 괜찮은 편이라고 되뇐다. 휠체어를 사용해야 하거나 부작용 있는 약물을 복용해야 할 때처럼 변화하는 상황에 적응한다. 일어나는 모든 일에는 적어도 이유가 있거나 그게 최선이고, 따라서 삶에 차질이 생긴 것처럼 보여도 우리가 얻어야 할 교훈이거나 극복해야 할 역경일 뿐이라고 말한다. 대체로 우리는 인생 전반이 실은 꽤나 불행하다는 사실을 무시하고, 그렇게 함으로써 인간으로 실존하는 것이 아주 특수한 상황을 제외하면 불행한 일이라는 우울한 깨달음으로부터 우리 자신을 보호한다. 베너타가 옳다면 인류가 멸종해야 할 이유는 충분하다. 사람들은 열악한 삶에 관해 자신을 기만하느라 시간을 허비할 테니 인간을 낳는 일은 잘못이다.

우울한 이야기다. 왜 우리 종이 존속**해야 하는지**를 다루어야 하는 이 장에서 정작 우리는 인생이 살 가치가 있느냐는 것부터 묻고 있다. 그래서 우리는 베너타의 주장을 받아들여야 할까? 우리 뒤에 올지 모르는 사람들에게 자비를 베푸는 차원에서 사실상 아무도 우리 뒤에 오지 않게 해야 한다는 생각을 받아들여야 할까?

내 생각에 베너타의 비관론을 거부할 이유는 두 가지다. 우리 대다수에게 인생은 그가 묘사하는 것보다 낫다. 한 가지 이유는 앞에서 언급한 다원주의와 관련 있다. 내가 보기에 베너타의 관점은 제러미 벤담이 선과 악을 단순한 쾌락과 고통의 문제로 본 것과 마찬가지로 지나치게 피상적이고 '평면적이다'. 베너타는 행복과 불행을 간단히 합산할 수 있다는 생각을 애써 거부한다. 그는 행복이 저마다 강도가 다르고, 살면서 행복한 일과 불행한 일이 일어나는 순서가 중요하고, 생애에서 행복이 어떻게 고루 분산되느냐가 중요하다는 점 등을 지적한다. 그뿐 아니라 그는 쾌락과 고통만 고려하는 쾌락주의 관점, 원하는 것을 얻어내는 일에 초점을 두는 욕구 충족 이론, 여러 종류의 좋은 것들을 갖추는 일과 관련된 객관적 목록 이론 등 행복에 관한 몇 가지 표준적 견해를 검토한다. 그는 어느 견해를 취해도 각각 단점이 장점을 압도하지만, 사람들이 대부분 이 점을 인정하지 못한다고 주장한다. 요약하면, 베너타가 보기에 인간의 삶은 쾌락보다 고통이 크고, 대부분의 욕구는 충족되지 않고, 인생에 어떠한 객관적 관점을 취해도 인간의 삶은 우주적 관점에서는 미미하다는 점을 놓칠 뿐이다.

그렇지만 다원주의 관점으로 인간 존재의 가치를 보면 인생에는 고통이나 수난과 동일한 저울로 잴 수 없는 다른 좋은 것들이 있음을 알 수 있다. 그 가운데 베너타가 간과한 한 가지는 이른바 '의미 충만함meaningfulness'이다. 나는 의미 충만함이 저 우주 어딘가에서 우리에게 발견되기를 기다리는 무슨 어마어마한 '삶의 의미'를 요구하는 경험은 아니라고 생각한다. 삶은 흔히 여러 가지 테마로 특징지어질 수 있는데 나는 그 테마를 '서사적 가치narrative values'라고 부른다. (내가 이것에 관해 쓴 책도 있지만, 홍보를 자제하기 위해 책 제목은 밝히지 않겠다. 그러나 관심이 간다면 주3에서 찾아볼 수 있다고 그냥 일러만 둔다.) 이를테면 어떤 삶은 치열해서, 어떤 활동이든 그 순간에 참여하는 활동에 깊게 관여한다. 또 어떤 삶은 영적이어서, 그 삶에 가치감을 주는 초월적인 힘이나 존재에 끊임없이 헌신한다. 또 다른 삶은 지적 호기심에 충만하거나, 즉흥적이거나, 모험으로 가득하거나, 남에게 충실하다. 이런 삶의 테마는 인생에서 일어나는 사건(일부는 고통스럽고, 일부는 즐겁고, 일부는 또 다를 것이다)을 하나의 패턴으로 통합해 한 사람의 삶에 의미를 부여할 수 있으며, 그 의미감은 특정 순간에 좋거나 나쁘다고 느끼는 것, 또는 그것들의 총량으로 축소되지 않는다. 서사적 가치는 삶이 일으키는 단순한 고통이나 쾌락을 넘어 삶을 살 만한 가치 있는 것으로 만들 수 있다. 예컨대 심신을 쇠약하게 하는 주기적 우울증을 겪는 사람도 친구들에게 한결같이 충실함을 보이거나 영성에 전념하는 삶을 살아감으로써, 자신이 견뎌야 하는 우울증의 고통을 넘어서는 삶의 의미를 얻을 수 있다.

베너타가 생각하는 것 이상의 차원을 우리의 삶에 부여할 방법은 그 외에도 더 존재한다. 그러나 그런 방법들을 거론하지 않더라도 베너타의 관점을 그 자체로 반박할 수 있다. 그는 우리 대다수가 삶의 속성을 잘못 알고 있고, 우리가 삶을 긍정하는 이유는 삶의 진실에 관해 스스로를 속이기 때문이라고 말한다. 우리는 분명히 많은 것에 관해 스스로를 속인다. 인간은 자기기만의 대가들이다. 하지만 삶이 얼마나 행복한지, 삶이 전반적으로 어떤지에 관해 우리 대다수가 자기를 기만한다는 말이 과연 온당한가?

인생을 베너타의 견해와 반대로 생각해볼 수도 있다. 어쩌면 그가 거꾸로 판단했는지도 모른다. 다시 말해, 인생에서 행복하고 즐거운 측면이 고통스러운 부분을 **정말로** 상쇄할 수도 있다. 어쩌면 폴리아나 원리도 삶의 속성을 바라보는 관점에 대한 부정확한 해석이 아닐 수도 있다. 사실, 오히려 맞는 해석일 수 있다.

이런 식으로 생각해보자. 대다수 인간의 삶의 궤도는 괴로운 시기와 즐거운 시기를 포함한다. 물론 격렬한 운동을 하거나 심부 근육 마사지를 받을 때처럼 두 순간이 동시에 겹칠 때도 있다. (심부 근육 마사지의 경우, 적어도 내 경험으로는 마사지가 끝났다는 것을 깨달은 순간에 진정한 쾌감이 찾아온다.) 그리고 어쩌면 괴로운 순간을 견딜 만한 것도 삶에 행복하거나 즐거운 측면이 있기 때문인지 모른다. 행복한 순간이 괴로운 순간보다 드물거나, 덜 강렬하거나, 덜 오래 지속되더라도 말이다. 이것은 즐거운 순간을 만끽하려면 괴로운 순간도 필요하다는 단순한 관념이 아니다. 그것도 때로는 맞는 말이지만, 솔직히 말해서 나는 꼭 고난이 있어야 삶이 더 나아진다는 진부한 생각을 미심쩍게 생각한다.

내가 하려는 말을 다르게 표현하면 이렇다. "그래, 그동안 고통이 컸지만, 지금 내가 이렇게 행복을 느끼니 다 그럴 만한 가치가 있었어. 지금 이 경험을 얻기 위해 그 고통을 다시 감내해야 한다면 두말없이 그렇게 할래." 이 경우 쾌락이 고통을 압도하는 이유는, 우리가 고통 때문에 더 강해지거나 정신적으로 단련되어서가 아니라 다른 이유 때문이다. 그런 고통을 겪은 끝에 이런 즐거움을 찾았으니, 그 고통이 뒤에 찾아온 즐거움보다 **덜 중요하게** 인식되어서 그렇다. 따라서 전체적으로 그 경험은 고통의 경험이기보다 쾌락의 경험이 된다.

물론 베너타는 삶을 이런 식으로 생각하는 것이 자기기만, 즉 적응된 선호의 한 형태이거나 폴리아나 원리의 발현이라고 생각한다. 그러나 우리가 왜 그런 의견에 동의해야 하는가? 우리 나름대로 고통이나 수난을 행복과 비교해 얻은 결과를 왜 액면 그대로 받아들이면 안 되는가? 사람들이 그렇게 비교하다가 틀릴 때도 분명히 있겠지만, 그것은 그저 특정한 상황에 놓인 특정한 사람들의 문제 아닌가? 삶에서 고통과 행복을 비교해 행복이 더 크다고 하는 사람은 거의 다 판단을 잘못했다고 말할 근거는 없는 듯하다.

물론 우리 대다수는 그런 식으로 단순하게 비교하지는 않는다. 우리가 삶에 관해 성찰하는 방식은 그보다 섬세하고, 서사적 가치 같은 다원적인 가치들이 개입된다. 그러나 그냥 고통과 행복만 비교하더라도, 행복을 얻기 위해서라면 고통도 견딜 만하다는 판단이 반드시 틀렸다고 생각하지는 않는다.

# 세상에
# 행복을
# 보탠다는 것

행복을 얻기 위해서라면 고통도 견딜 만하다는 판단이 옳다면, 대다수 인간의 삶은 행복하거나 즐겁다고, 아니면 최소한 큰 아쉬움 없이 행복하거나 즐겁다고 잠정적으로 가정해볼 수 있다. 물론 모든 인간의 삶이 행복하지는 않다. 나는 끔찍한 상황에서 살아가는 17세 난민 소년을 만난 적이 있다. 소년은 자식의 삶이 어떻게 될지 뻔히 알면서 자기를 낳았다고 아버지를 원망했다. 그렇지만 일반적으로 우리의 삶은 불행이나 고통보다는 즐거움이나 행복이 더 크다고 가정할 수 있다. 무엇보다 이 가정은 대다수 인간의 삶이 전반적으로 세상에 행복을 보탠다는 의미다. 우리가 공리주의자들처럼 행복을 좋은 것으로 여긴다면(그러지 말아야 할 이유가 있나?) 인간의 삶이 세상에 긍정적인 것을 보탠다는 뜻이 되며, 그 사람들이 없으면 세상에 보탤 긍정적인 것도 없어진다.

따라서 인류가 세상에 행복을 보탠다면, 그것이 우리 종을 존속시킬 이유가 되지 않을까? 어쨌거나 행복은 좋은 것이다. 그래 보인다. 그러나 세상에 행복을 보태면 실제로 세상이 더 좋아질까?

그렇게 간단치가 않다. 두 가지 세상을 상상해보자. 하나는 행복이나 불행을 경험할 수 있는 존재가 아예 없는 세상이다. 그 세상에 우리와 비슷한 사람들이 있긴 하지만, 그저 기계적으로 살아간다. 우울하지도 않지만 행복하지도 않다. 그들은 기계 인간과 같아서 해야 할 일을 묵묵히 할 뿐 성공에 기뻐하지도, 실패에 괴로워하지도 않는다. 그 세상을 지금 우리가 살고 있는 세상과 비슷한 또 다른 세상과 대조해보자. 이 다른 세상에는 우리 같은 존재가 있어서 고통과 행복을 둘 다 겪지만, 전체적으로 행복이 고통보다 크다. 이곳에서는 삶에서 행복이 고통을 상쇄하고도 남는다. 그렇다면 우리는 두 번째 세상에 행복의 양이 더 많다는 이유로 두 번째 세상이 첫 번째 세상보다 더 낫다고 말하고 싶지 않을까? 아니면 반대로 두 번째 세상에 행복보다 고통이 더 많으면, 차라리 기계적인 첫 번째 세상을 더 선호하는 쪽으로 기울지 않을까?

여기서 누가 이의를 제기할지 모른다. 세상을 더 좋게 만드는 것은 행복 그 자체가 아니라 행복한 사람들이라고. 두 번째 세상이 첫 번째 세상보다 낫다는 것을 보여주는 표시는 저 창공에 이리저리 떠다니는 어떤 행복이 아니라, 행복한 인간들이 존재한다는 사실이다. 우리는 존재하는 사람이 누구든 행복하기를 선호하지만, 행복이란 실재하는 인간과 결부되어야 의미 있다.

이 이의는 타당하다. 사실 철학에는 그 점을 숙고하는 사상이 존재하는데, 앞에서 간단히 살펴본 바 있다. 우리 대부분은 불행한 삶, 살 가치가 없다고 느껴지는 삶을 살게 될 것이 확실한 사람은 낳지 말아야 할 의무가 있다고 생각한다. 하지만 반대로, 태어나면 행복할 것이 확실한 사람이라고 해서 우리가 그 사람을 낳아야 할 **의무**는 없다. 불행은 방지해야 할 의무를 생성하지만, 행복은 복제할 의무를 생성하지 않는다.

행복 그 자체는 세상에 아무것도 보태지 않는다는 견해를 받아들인다면, 최소한 행복을 이유로 인류를 존속시켜야 할 근거는 없다. 우리 종이 살아남지 않아도 상실되는 것은 없다. 우리에게 어떤 의무가 있다면, 우리 뒤에 오는 사람들의 행복을 보장하는 것뿐이다. 하지만 후세대를 낳아야 할 의무는 없다. 인류 존속의 또 다른 근거도 존재할 수 있는데, 그중 몇 가지를 잠시 후에 다룬다. 그러나 이 견해에 따르면 인간이 행복을 생성하니까 인류 멸종에 반대한다는 논리는 성립되지 않는다. 꽤 타당성 있는 견해다.

그러나 그에 못지않게 타당성 있는 또 다른 견해가 있는데, 여기에 따르면 인류 존속을 옹호할 수 있다. 설명하자면 이렇다. 행복한 인간을 세상에 태어나게 할 의무는 없다. 하지만 의무가 아니라 최소한 행복한 인간을 태어나게 할 **이유**는 있지 않을까? 왜냐고? 그 사람들은 행복할 테니까. 그렇다면 좋은 일 아닌가? 그리고 행복한 사람들을 세상에 태어나게 할 이유가 있다면, 그 이유는? 맞다, 행복이 그 이유다. 행복한 사람들을 세상에 보태면 우리가 세상에 행복을 보태는 것이고, 행복이 더 많아졌으므로 세상은 이전보다 좀 더 나아진다.

논리가 이런 방향으로 가면 행복의 존재 자체가 세상을 더 좋게 만든다고 주장할 수 있게 된다. 공리주의는 결점이 많지만, 이 부분에서는 뭔가 짚어내는 바가 있다. 만일 인생이 대다수 인간에게 고통이 아니라 행복이라면, 인간이 존재하는 것은 전체적으로 지구에 좋은 것을 보태는 일이다. 그렇다면 우리가 멸종하지 말아야 할 이유가 된다.

물론 앞에서 보았듯이, 행복을 얻는 대가로 흔히 다른 생명체가 큰 고통을 겪는다. 인간의 행복에 근거해 인류의 존속을 옹호하는 모든 논리는 인간이 다른 동물에게 안기는 고통을 저울 반대편에 올려놓고 비교해 저울이 인류 존속의 반대편으로 기우는지 살펴야 한다. 우리는 다음 장에서 이 어려운 문제를 다시 검토한다. 하지만 논의를 더 진행하기 전에, 인간의 행복이라는 관념을 좀 더 생각해봐야 한다. 여기에는 우리가 아직 살피지 못한 복잡한 문제가 있다.

이미 보았듯 행복은 세상을 더 좋게 만든다. 그렇다면 행복이 많아질수록 세상이 더욱 좋아진다고 주장하고 싶어질 수 있다. 결국 행복을 보태어 어떤 것이 좋아진다면, 행복을 더 보태면 그만큼 더 좋아지는 것 아닌가? 그리고 그게 옳다면, 인간이 조금이라도 행복할 경우, 세상에 인간을 가능한 한 많이 보태야 하지 않을까? 다시 말해 멸종할 일이 아니라 오히려 반대로, 조금이라도 행복해질 수 있는 인간을 최대한 많이 낳아서 세상에 더 많은 행복을 보태야 하지 않을까?

바로 이 부분에서 일이 복잡해진다. 중요한 것은 단순히 행복의 양이 아니라 그 행복이 어떻게 분배되느냐다. 다시 말해, 오로지 행복의 총량이 세상을 더 좋게 만드는 것이 아니라, 누가 더 행복하고 누가 덜 행복하냐가 문제다.

왜 그런지 이해하기 위해, 방금 한 말을 바탕으로 두 가지 다른 세상을 상상해보자. 더 행복하거나 덜 행복한 것에 관해 논의하기 때문에 그 두 세상에서 사람들이 경험하는 행복의 양에 일정한 숫자를 매길 필요가 있다. 이런 수치화는 다소 임의적이라는 것은 나도 알지만, 그렇게 하면 요점을 파악하는 데 도움이 된다.

첫 번째 세상에는 풍요롭게 잘 사는 인간 100만 명이 있다. 다들 좋은 교육을 받고, 교우 관계도 돈독하고, 가정생활도 만족스럽고, 흥미롭고 보수 높은 직업에 종사한다. 그들은 건강하고, 재미 삼아 여가 활동으로 운동 경기에도 참여한다. 경기에서 이기면 좋지만 지더라도 경쟁하는 경험이 즐거웠다고 인정할 만큼 성숙한 관점을 가졌다. 잠들기 전에는 평화롭고, 아침에 일어나면 즐겁고 그날 하루가 기대된다. 하지만 모든 것이 항상 좋기만 하지는 않다. 건강 문제도 있고, 갈등도 있고, 종종 다치기도 한다. 불멸의 존재가 아니므로 다들 언젠가는 죽음을 맞는다. 그러나 행복한 삶을 살고서 죽을 때가 되면, 에피쿠로스를 추종한 고대 시인 루크레티우스의 격언에 따라 다음 세대에게 자리를 내어주어야 한다는 점을 받아들이고, 살았다는 것을 감사히 여긴다. 그 세상에 사는 100만 명이 평생 경험하는 행복에서 고통을 제하고 남은 부분을 일인당 1000이라고 치자.

이제 첫 번째 세상과 아주 다른 두 번째 세상을 상상하자. 이 세상에는 10억 인구가 사는데 모두 고생이 심하다. 이 세상에 사는 사람들은 삶이 힘들다. 적절한 교육에 투자할 돈이 모자라서 기술이 후진적이다. 땅에서 식량이 충분히 생산되지 않아 대부분 간신히 연명할 정도의 영양분만 섭취한다. 물자가 희소해 주민들 사이에 갈등이 빈발하고, 그런 갈등은 사회 개선으로 이어질 수 있는 협력을 방해한다. 그들에게 삶이 살 만하냐고 물으면 그렇다고 대답하지만, 첫 번째 세상에 사는 사람들보다 훨씬 심드렁하다. 다시 말해 그들의 삶도 전체적으로 행복이 고통보다 크지만(그들도 그 점을 인식한다)

저울이 행복 쪽으로 훨씬 크게 기울지는 않는다. 이 세상에 사는 사람들은 행복에서 고통을 제하고 남은 부분이 일인당 5라고 치자.

첫 번째 세상이 두 번째 세상보다 낫다는 점은 누구나 동의할 것이다. 첫 번째 세상은 사람이 적어서 행복을 경험하는 인간의 수가 적다(정확히 말하면 두 번째 세상의 1000분의 1). 하지만 그들의 인생 경험은 훨씬 양질이어서 두 번째 세상에서 훨씬 많은 사람이 경험하는 약간의 행복을 충분히 능가하고도 남는다. (그 차이가 충분히 커 보이지 않는다면, 두 번째 세상을 더 나쁘게 설정해 고통을 제하면 남는 일인당 행복이 기껏해야 2라고 상상해보라.) 하지만 당신은 전체적으로 첫 번째 세상보다 두 번째 세상에 행복이 더 많다는 점을 벌써 눈치챘을 것이다. 첫 번째 세상에는 10억 만큼의 행복이 있고(100만×1000), 두 번째 세상에는 50억 만큼의 행복이 있다(10억×5).

요컨대 행복의 총량이 많은 세상이 반드시 더 좋은 세상이라고 할 수 없다. 행복이 어떻게 분배되느냐에 따라 좋은 세상보다 나쁜 세상에 행복이 더 많을 수도 있다.

이 주장은 유력한 철학자 데릭 파핏Derek Parfit의 연구에서 유래하는데[4] 그는 여기에 적절하게도 '역겨운 결론Repugnant Conclusion'(국내 일부 문헌은 이를 '당혹스러운 결론'으로 번역했으나 여기서는 영어 표현에서 의도된 본래 의미에 더 충실하게 옮겼다—

옮긴이)이라는 명칭을 붙였다(참고로 파핏은 인류 멸종을 아주 좋지 않은 일로 여겼다). 다른 모든 조건이 동일하다면 세상에 행복을 보태서 더 좋은 세상을 만들 수 있겠지만, 다른 모든 조건이 동일한 경우란 드물다. 따라서 더 좋은 세상은 그저 행복이 더 많은 세상이라는 결론에 기댈 수는 없다. 다시 말해 어느 한 세상이 다른 세상보다 더 많은 행복을 보유해도 그곳이 더 좋은 세상은 아닐 수 있다. 세상을 좋게 만드는 것은 단순한 행복의 합계가 아니라 행복이 분배되는 방식이다.

하지만 문제를 이런 식으로 해결하면 어떨까? 어쩌면 더 좋은 세상은 행복의 합계가 더 큰 세상이 아니라 행복의 평균이 더 큰 세상이 아닐까? 첫 번째 세상에 사는 사람들은 두 번째 세상에 사는 사람들보다 평균적으로 훨씬 큰 행복을 누린다(1000 대 5). 그러므로 중요한 것은 아마 행복의 합계가 아니고 행복의 평균일 것이다.

파핏은 이 질문에도 답변을 제시한다. 다시 한번 두 가지 세상을 상상해보자. 첫 번째 세상은 조금 전에 살펴본 것과 똑같이 주민 100만 명이 각기 불행을 제하고 남은 행복 1000을 누린다. 이것을 또 다른 세상과 비교해보자. 두 번째 세상에는 100만 2명이 산다. 100만 명은 각각 1100에 해당하는 행복을 누리지만, 2명은 아주 고통스럽게 산다. 그 두 사람은 거의 살 만한 가치가 없는 삶을 산다. 그들이 누리는 행복은 각각 0.5에 해당한다. 두 번째 세상의 평균 행복은 1099.998로 1100에 조금 못 미친다(평균과 조금 다른 개념을 찾는다면, 중앙값은 1100이고 최빈값도 역시 1100이다). 따라서 첫 번째 세상보다 두 번째 세상의 평균 행복이 더 크다. 그렇다고 해서 두 번째 세상이 더 좋은 세상이라고 할 수 있을까? 이미 잘살고 있는 사람들에게 예컨대 더 많은 스포츠 행사, 더 좋은 레스토랑, 더 재미있는 텔레비전 쇼, 더 화창한 날씨로 행복을 10퍼센트 더 늘려주었다. 하지만 그렇게 증가한 행복이 두 명의 고통을 감수해야 할 만큼 가치 있을까? 그렇다고 하기 어렵다. 평균을 구하는 방식 때문에, 최하위에 놓인 사람들의 고통을 고려하면 평균 행복이 더 큰 세상이 평균 행복이 더 낮은 세상보다 나쁠 가능성은 충분하다.

  이 이야기의 결론은 무엇인가? 전반적인 교훈은 행복의 합계나 평균이 큰 세상이라고 해서 행복의 합계나 평균이 낮은 세상보다 낫다고 무작정 가정할 수 없다는 것이다. 그렇다고 세상에 행복을 보태 봤자 세상이 더 좋아지지 않는다는 뜻은 아니다. 좋아지는 경우를 앞에서 보았다. 중요한 것은 행복이 더 많으냐가 아니라 어떻게 분배되느냐다. 더 많은 행복이 더 공평하게 분배되는 것은 좋은 일이다. 그게 아니라면, 좋은 일이 아닐 수도 있다.

  이 모든 논의를 다시 인간 멸종 문제에 비추어 보면, 미래에 인간이 존재해야 할 최소한 한 가지의 이유가 확보된다. 우리는 애초에 베너타의 주장에 맞서 대다수 인간의 삶은 행복이 고통보다 크다고 가정했다. 그런 다음 행복을 보태면 세상이 좋아진다는 생각을 추가했다. 그러나 파핏의 논리를 통해, 행복을 보태면 세상이 좋아진다고 해서 행복이 많은 세상이 행복이 적은 세상보다 반드시 좋은 것은 아니라는 점을 알게 됐다. 궁극적으로는 행복의 양**만** 중요한 게 아니라 행복의 분배 방식도 중요하다. 따라서 세상에 인간이 많아지면 행복이 많아져 더 좋겠지만, 행복의 균등한 분배가 희생될 경우에는 그렇지 않다. 달리 표현하면, 우리 종을 존속시킬 이유는 있지만, 특정한 한도 내에서만 그러하다.

    행복을 최적의 수준으로 성취하는 방법은 보다시피 복잡하다. 지구에 인구가 지나치게 늘어나면 자원에 부담이 와서 사람들이 덜 행복해질 것이고, 반대로 인구가 너무 줄어들면 줄어든 사람 수만큼 행복도 함께 줄어들 것이다. 게다가 다음 장에서 보겠지만, 인류의 존재가 다른 생명체에 주는 고통도 고려해야 한다. 그러나 행복이 세상에 좋은 것을 보탠다는 점을 받아들인다면, 우리는 세 가지 잠정적인 결론에 도달할 수 있다. 첫째, 인류의 존재는 일반적으로 세상에 행복을 보탠다. 둘째, 그렇다고 해서 인간이 늘어나면 반드시 행복도 늘어난다는 뜻은 아니다. 셋째, 행복이 어떻게 분배되느냐가 중요하다.

첫 번째 결론은 인류의 존속에 정당성을 부여하는 핵심 요소지만, 두 번째와 세 번째 결론은 거기에 중요한 단서를 단다.

# 인간은 세상에 어떻게 기여하는가?

지금까지 우리는 공리주의 관점에서 인류 존속의 장점을 검토했다. 즉, 인간이 어떤 식으로 세상에 행복을 보태서 더 좋은 세상을 만드는지 살펴보았다. 그러나 이미 말한 대로 공리주의가 유일한 분석 틀이어서는 안 된다. 인류가 기여하는 바를 고려할 수 있는 다른 관점도 존재하는데, 바로 철학에서 의무론으로 알려진 도덕관에 해당하는 관점이다.

의무론은 행위의 결과나 결실과는 무관하다. 여러 전통적 의무론자가 도덕적으로 중요하게 여기는 것은 수단이나 의도다. 그들의 관점에서 중요한 것은 어떤 행위의 결과가 아니라 그 행위가 일어난 방식이다.

더 최근으로 오면, 의무론 사상은 주로 권리와 의무에,

다시 말해 꼭 최고의 결과가 나오지 않더라도 사람 사이에 다해야 하는 도리에 중점을 둔다. 지나치게 단순한 예를 하나 들자면, 공리주의자는 죄 없는 두세 명을 살리기 위해서라면 죄 없는 한 명을 희생시켜도 된다는 입장일 수 있다. 결과를 보면 그것이 더 낫기 때문이다. 의무론자라면 그런 일을 용인하는 일은 거의 없을 것이다. 아무리 결과가 더 나아도 죄 없는 사람을 희생시켜서는 안 되기 때문이다. 그런 희생은 개인의 생명권을 침해하는 일이다.*

철학사에서 가장 유명한 의무론자는 18세기 사상가 임마누엘 칸트다.5 혹시 '정언명령'이라는 용어를 들어본 적이 있다면, 그게 바로 칸트가 한 말이다. 그는 도덕적으로 중요한 것은 행위의 결과가 아니라 의도라고 생각했다. 그리고 감정이나 우리의 행위가 세상에 미치는 효과에 얽매이지 않고, 순수이성을 통해 선한 도덕적 의도를 지닐 수 있다고 생각했다. 다행히 우리는 여기서 그의 윤리론을 자세히 파고들 필요 없이 인간에 관한 그의 도덕관으로 바로 건너뛰면 된다. 그의 도덕관은 우리 자신을 생각할 때도, 우리가 멸종하지 않고 존속해야 할 이

---

* 이 예시는 공리주의자들을 안 좋은 이미지로 비치게 한다. 그러나 좀 더 섬세한 공리주의자들은 이 문제를 잘 피해 가면서, 죄 없는 한 사람을 희생시켜서 죄 없는 사람들이 사는 도시(이런 도시가 있다고 가정한다면) 전체를 구하는 일이 용납될지 반문하기도 한다.

유를 설명할 때도 매력적이다.

칸트의 관점에서 인간은 경제적 의미의 가치가 없다. 인간은 어떤 저울로도 잴 수 없다. 바로 그렇기 때문에 다른 두세 명을 구할 수 있다는 이유로 한 사람의 생명을 희생시킬 수 없다. (여기서 당신은 그 한 사람을 살리려다가 실질적으로 다른 사람들을 희생시키는 것이 아닌지 물을 수 있다. 이 경우 기본적으로 의무론은 사람의 목숨을 빼앗는 것과 사람의 목숨을 구하지 못하는 것에는 차이가 있고, 사람의 목숨을 빼앗는 것이 도덕적으로 더 나쁘다고 답변한다.) 인간에 관한 이런 관념을 칸트는 인간은 가치가 아니라 **존엄성**을 지닌다는 말로 강조했다. 이 존엄성은 계산할 수 없다. 그렇다고 무한하지도 않다. 무한하다고 말하려면 여전히 숫자를 매겨 측정한다는 뜻이기 때문이다. 존엄성은 그냥 측정이 불가능하다.

칸트의 의무론 관점은 인류가 세상에 행복을 보탠다는 공리주의 관점을 넘어서는 인류 존속의 근거가 될 수 있을까? 그 답은 긍정적이지만, 상당히 빈약한 편이다. 기본적으로 칸트는 세상에 이성이 존재하는 것은 좋은 일이지만, 그렇다고 이성이 더 많아져야 한다는 뜻은 아니며, 꼭 인간이 있어야 이성이 존재하는 것도 아니라고 여긴다.

이것을 이해하기 위해 우선 존엄성을 살펴보자. 존엄성은 세상에 더할 수 있거나 없는 가치가 아니다. 측정이 불가능하다. 그런 점에서 행복과 다르다. 이를테면 우리가 아는 어떤 사람이 이전보다 더 행복해졌다고 말할 수 있지만, 이전보다 존엄성을 더 많이 지니게 됐다고 말할 수는 없다. 최소한 칸트가 의미하는 방식으로는 그렇게 말할 수 없다. 말하자면 존엄성은 한 개인의 특정한 자질도 아니고, 행복처럼 사람의 존재 상태도 아니다. 오히려 존엄성은 한 개인을 어떻게 대해야 한다고 다른 사람들에게 요구하는 명령imperative에 가깝다.

칸트 철학의 개념에서 어떤 사람이 존엄성을 지닌다는 말은, 그 사람이 우리의 목적에 유용해서 존중해야 하는 것이 아니라 그 사람의 존재 자체를 존중해야 한다는 뜻이다. 이 생각을 칸트는 인간을 한갓 수단이 아니라 항상 목적으로 대하라는 이른바 '정언명령의 제2정식'에 담아낸다. 사람을 한갓 도구로 이용하거나 우리 마음대로 조종할 수 있는 대상으로 다루면 안 된다는 의미다. 우리는 사람들이 저마다 살아가는 삶을 존중해야 하고, 그들의 삶을 우리가 원하는 대로 임의로 축소할 수 없다는 점을 반드시 인식해야 한다. 존엄성은 일종의 도덕적 방패와도 같아서, 남에게 함부로 이용당하지 않도록 우리를 보호한다.

하지만 왜 칸트는 인간에게 존엄성이 있다고 생각할까? 대체 우리가 어떤 존재이기에 그런 도덕적 방패가 제공되나? 혹시 여기서 좀 더 파고들면 인류의 미래를 옹호할 만한 어떤 것을 찾을 수 있을지도 모른다. 칸트가 보기에 우리에게 존엄성을 부여하는 인간의 특징은 이성이다. 우리가 도덕 문제에 관심을 갖는 이유도 우리에게 이성을 발휘할 능력, 특히 도덕이성을 발휘해 어떤 것이 올바른 행동인지 이해할 능력이 있기 때문이다. 그리고 최소한 우리를 도덕적으로 만들 수 있는 종류의 이성은 (우리가 아는 한) 오직 인간만 갖고 있다고 칸트는 생각했다. 그러므로 존엄성은 인간에게만 있다.

그렇다면, 이성을 도덕적으로 발휘하는 능력이 세상에 존재하면 좋지 않을까? 그렇다. 심지어 칸트도 그렇다고 했다. 칸트는《윤리형이상학 정초》(제목이 주는 느낌만큼이나 읽기 쉬운 책이다) 제1장 첫 부분에서 이렇게 말한다. "이 세상이나 심지어 이 세상 바깥에서도 아무 제한 없이 선하다고 여길 수 있는 것은 오로지 선의지뿐이다."[6] 여기서 선의지는 도덕이성을 통해 행동할 수 있는 의지를 말한다. 따라서 세상에 선의지가 있어서 좋다면, 그리고 인간이 선의지를 가질 수 있는 유일한 존재라면, 인간이 계속 존재하는 것이 좋지 않을까?

그러나 이런 문제가 있다. 문제는 사실 세 가지다. 첫째, 세상에 있으면 좋은 것은 인간 자체가 아니라 선의지와 도덕이성이다. 만일 다른 존재가 도덕이성을 지닌다면 꼭 인간이 존재해야 할 필요는 없다. 그리고 인공지능 시대에는 도덕이성을 갖춘 다른 존재의 출현도 분명 가능해 보인다. 시간은 걸리겠지만, 아마 오래지 않아 그런 순간이 찾아올 것이다. (희한하게도 칸트 본인도 이성을 지닌 다른 존재가 있을 수 있다는 가능성을 열어두었다. 그가 물론 인공지능을 생각하지는 않았지만, 인간이 **우리가 알고 있는** 유일하게 이성을 지닌 생명체라고 늘 말했다.)

둘째, 세상에 있으면 좋은 것은 단순한 도덕이성 발휘 능력이 아니라 진정하고 실제적인 선의지다. 따라서 모든 인간이 아무 선의지 없이 행동하기로 할 경우, 칸트가 인류의 존속을 긍정할지는 미지수다.

마지막으로, 존엄성과 이성은 양으로 따질 수 없다는 점을 상기하자. 존엄성이나 이성은 많고 적음을 따질 수 없다. 따라서 세상 어딘가에 이성, 즉 도덕이성이 존재하는 한, 일정한 선이 '무제한' 존재한다. 그렇다면 계속 대를 이어갈 수 있는 인간 가족이 하나만 있어도 충분하다.

그러면 칸트가 인류가 존속할 이유를 **전혀** 제시하지 않는다는 뜻인가? 그렇지 않다. 그는 인류가 존속할 약간의 이유를 준다. 그러나 앞서 말했듯이 상당히 빈약하다. 칸트의 도덕관에서 인류 존속의 근거를 좀 더 찾아낼 수 있을까?

내 생각에는 가능하다. 칸트의 사상과 정신을 이어가는 연구 두 가지를 살펴보자. 그 두 가지는 서로 다른 방식으로 인류 존속의 근거를 제공한다. 약간의 정리가 필요하지만, 그래도 지금 우리의 존속을 옹호해야 하는 마당에 그게 대수인가.

커피 아이스크림이 나은지, 민트초콜릿칩 아이스크림이 나은지를 따지는 것도 아니고 말이다. (분명히 말해두지만 커피 아이스크림이 더 낫다. 나의 커피 아이스크림 옹호론을 한번 들어보면, 아래 나오는 내용은 하나도 어렵지 않게 느껴질 것이다.)

철학자 세라 버스Sarah Buss가 몇 해 전에 발표한 논문[7]과 낸디 튜니슨Nandi Theunissen이 최근에 낸 저서[8]는 둘 다 제목이 '인류의 가치The Value of Humanity'이며, 인류가 지니는 가치는 존엄성과는 약간 다르나 여전히 꽤 강력한 가치로 볼 수 있다고 주장한다. 이때 저자들이 사용하는 '가치'라는 용어는 경제적 가치가 아니라, 칸트의 존엄성 개념처럼 정량화할 수 없는 도덕적 가치다.

버스와 튜니슨은 관점은 다르지만, 가리키는 방향은 비슷하다. 그들의 관점을 이해하려면 몇 가지 철학 전문 용어를 알아야 한다. 특히 **도구적** 가치와 **비도구적** 가치의 차이, 그리고 '**좋다**good'와 '**무엇에 좋다**good-for'의 차이를 이해해야 한다.

하나씩 차근히 해결하자. 어떤 것이 **도구적** 가치만 있을 경우, 그것은 가질 만한 다른 무언가를 얻게 해주는 한에서만 가치가 있다. 전형적인 예는 돈이다. 돈 자체는 특별한 가치가 없다. 돈의 유일한 가치는 당신이 원하는 물건을 가질 수 있게 해준다는 사실에 있다. 물론 어떤 사람들은 돈 자체를 귀중품으로 취급하지만, 이는 돈의 의의를 잘못 이해한 행동이다. 돈은 순수한 수단이고, 그 자체로 목적이 아니다. 그와 대조적으로 **비도구적** 재화는 단지 다른 재화를 얻게 해주어서 가치 있는 것이 아니다. 비도구적 재화는 그 자체로 가치 있거나 그것이 무엇을 하는가에 가치가 있지만, 다른 별개의 재화에 도달하기 위한 경유지는 아니다. 칸트가 말한 '정언명령의 제2정식'을 기억하자. 사람을 한갓 수단이 아니라 목적으로 대하라? (물론이다.) 그렇다면 칸트가 보기에 인간은 비도구적으로 좋다.

**'좋다'** 와 **'무엇에 좋다'** 의 차이도 일견 비슷해 보인다. '무엇에 좋다'라니 묘한 표현 아닌가? 어떤 것이 무엇에 좋다는 말은 어떤 다른 것을 위해서 좋다는 뜻이다. 예를 들어 의자는 앉기에 좋고, 카페인은 기운 내기에 좋고, 내가 가진 옥스퍼드 영어 사전은 웨이트 운동하기에 좋다. 언뜻 보기에 '무엇에 좋다'는 도구적 가치로 보이고, '좋다'는 비도구적 가치로 보인다. 그러나 그 둘 사이에는 한 가지 중요한 차이점이 있고, 이 차이점은 도덕철학 분야에서 벌어지는 핵심 논쟁으로 이어진다. '좋다'와 '무엇에 좋다'를 대조하면 그 차이점이 드러난다.

어떤 철학자들은 좋음 그 자체, 다시 말해 선이 존재하고, 다른 말이 필요 없다고 여긴다. 다른 사람에게 제공할 수 있는 그 어떤 소용도 넘어서는, 그 자체로 좋은 것이 있다고 믿는다는 뜻이다. 예컨대 칸트는 바로 선의지에 관해 그렇게 생각했다. 하지만 튜니슨을 비롯한 다른 철학자들은, 좋다는 것은 무언가에 좋거나 누군가에게 좋은 것이 틀림없다고 생각한다. 튜니슨과 이 학파에 속하는 다른 학자들의 관점에서는, 순수하게 좋은 것이나 그 자체로 좋은 것이란 존재하지 않고, 무엇에 좋은 것만 존재한다.

몇 가지 예를 들어보자. 우리는 누구나 도덕적으로 선한 인물로 생각되는 사람들을 알고 있다. 그들은 친절하고, 사려 깊고, 다른 사람의 욕구에 민감하다. 그들에게 도움을 청하면 기꺼이 당신을 도와준다. 그들은 남들의 생일을 잊지 않으며, 누가 우울해하면 혹시 도와줄 일이 있을까 싶어서 안부를 묻는다. 우리는 흔히 이런 사람들을 본받고자 한다. 그들은 '무엇에 좋다'의 예다. 여기서 묘사하는 좋음은 다른 사람을 위한 좋음이다. 그렇다고 해서 그 사람들이 그 자체로 좋지 않다는 의미는 아니다. 그것은 또 다른 문제다. 여기서는 그 사람들이 어떤 식으로 무엇에 좋은지를 묘사했다.

그런가 하면, 그들이 다른 사람에게 주는 영향과는 별개로 우리가 좋게 생각하는 사람들이 있다. 그들은 인간이 추구해야 할 모범이라고 일컬을 만한 사람들이다. 그들은 다정하고, 능력 있고, 절도 있고, 세심하다. (지금은 논쟁의 대상이지만, 더 전통적인 관점에 따르면 머리 좋고, 운동 잘하고, 잘생긴 용모도 여기에 추가될 것이다.) 우리는 그들을 이상적인 인간상으로 여길 수 있다. 그들이 실제로 남을 돕거나 세상을 더 좋게 만들

기회가 전혀 없어도, 우리는 그들을 바라보며 좋다 즉, 그 자체로 좋다good-in-themselves고 말한다. 그들이 남을 도울 기회가 생기면 아마 도울 거라고 가정할 수는 있지만, 어떤 이유에서든 그들이 그러지 않는다고 상상해보자. 그래도 우리는 여전히 그들을 이상적인 인간상으로 바라볼지 모른다. 어느 표현을 선호하느냐에 따라, 그들은 무조건 좋거나 선하다.

누구를 이런 식으로 바라봐야 한다는 이야기가 아니다. (곧 살펴보겠지만, 튜니슨은 그렇게 말하지 않는다.) 어떤 사람을 그 자체로 좋게 여기다 보면, 그들의 모습이 그렇게 보일 수 있다는 뜻이다.

이제 우리는 도구적 가치와 고유한 가치, 그리고 '좋다'와 '무엇에 좋다' 개념들을 종합해 거기서 어떻게 인류 존속의 근거가 나오는지 살펴볼 수 있다. 우선 버스의 관점을 살핀 다음 튜니슨으로 넘어가자.

버스는 우리 인간은 가치 있지만, 그 가치는 **오직** 도구적이라고 주장한다. 우리의 가치는 우리가 다른 어떤 것에 기여한다는 점에 있다. 그렇지만 버스의 생각으로는, 인간이 도구적 가치를 지녔음에도 인간을 목적 자체로 대해야 한다. 양립하기 어려운 것을 양립시키려고 애쓰는 것처럼 보이지만, 조금만 참기를 바란다. 버스가 인간이 지녔다고 여기는 이 도구적 가치는 뭘까? 이것은 감각 능력sentience과 이성이라는 인간 실존의 두 영역에 내재한다.

우리는 인간의 감각 능력이 지니는 특성 덕분에 그 자체로 좋은 것들을 감상할 수 있고, 감각 능력이 없다면 그것들을 알아보지 못하고 지나쳤을 것이다. 미술을 예로 들어보자. 버스에 따르면, 아름다운 그림은 그림이 우리에게 줄 수 있는 경험 이상으로 가치가 있다. 그러나 인간의 감각 능력이 아니면 그 아름다움을 알아볼 수 없다. 그 그림이 받아 마땅한 방식으로 인정받으려면, 그런 감상을 가능하게 하는 감각 능력이 있는 존재, 즉 그림의 아름다움에 감동할 수 있는 존재가 있어야만 한다고 버스는 주장한다. 우리가 아는 한 비인간 동물은 그럴 능력이 없다. 그들에게는 거기에 알맞은 감수성이 없다. 오로지 인간만이 아름다운 그림, 심오한 소설, 획기적인 과학적 발견의 진가를 알아볼 능력이 있다. 그것들이 우리 안에 불러일으키는 내적 경험을 누릴 수 있는 생명체는 우리가 유일하다. 그러므로 인간을 소중하게 여기고 존중해야 한다고 버스는 말한다. 여기서 칸트의 존엄성 개념을 떠올리자. 다시 말해, 인간은 우리가 아는 한 그 자체로 좋은 것을 감상할 수 있는 유일한 수단이고, 바로 그래서 인간을 한갓 수단이 아니라 목적으로 대해야 한다는 것이다.

버스의 관점에서 이성이 인간 존중의 도구적 근거로서 차지하는 위치는 더 복잡하지만, 개략적으로 말해서 이성은 감탄을 자아낼 만한 예술 창작과 과학 발전을 가능하게 할 뿐 아니라 진리에 도달하는 길을 제시할 수 있다는 것이 요지다. 그러므로 우리는 자신의 이성도 존중해야 하고, 진리를 발견할 능력이 있는 다른 존재의 이성도 존중해야 한다. 여기서 이성의 가치는 도구적이다. 칸트의 말처럼 이성의 소유에서 존엄성이 나오므로 타인의 이성을 그 자체로 존중해야 하는 것이 아니다. 그보다 이성은 우리를 창조와 발견으로 이끌어줄 수 있는 도구다. 우리가 흔히 생각하듯 창조와 발견이 좋은 것이라면, 창조하고 발견할 수 있게 하는 이성의 소유는 인류 존속의 근거를 제공할 수 있다.

그렇다면 인류가 계속 살아남을 중요한 이유가 생긴다. 우리가 예술과 과학의 진가를 알아보고 진리를 깨달을 방도를 찾아낼 수 있는 유일한 존재라면, 우리의 멸종은 진정한 손실이다. 우리가 멸종하면 마땅히 소중하게 여겨야 할 것들을 소중하게 여길 사람이 아무도 남지 않을 것이다. 그건 애석한 일이다.

튜니슨도 버스와 마찬가지로 인간의 가치가 그 자체로 좋다고 변호하지 않는다. 인간의 가치는 인간이 어떤 것에 기여하거나 도움이 될 수 있을 때 생긴다. 하지만 튜니슨이 버스의 관점을 수용하지 않는 부분적인 이유는, 인간이 지닌 감각 능력의 가치가 그 자체로 좋은 것을 감상하는 능력에 있다는 생각을 다소 경계하기 때문이다. 버스의 관점은 예술과 진리가 그 자체로 좋다는 생각을 필수로 전제한다.

그러나 우리가 그렇게 생각하지 않는다고 해보자. 버스의 관점은 어차피 논쟁의 여지가 있다. 예술이 그 자체로 좋은지, 아니면 그것을 음미할 수 있는 사람에게 특정한 체험을 제공하는 한에서만 좋은지에 대한 문제는, 예술철학에서 곤혹스러운 문제 가운데 하나다. 버스 같은 일부 철학자는 인간의 관여 여부와 무관하게 예술과 그 밖의 창작물에 가치를 부여한다. 버스의 관점에서 아름다운 그림이나 소설이나 음악은 그것을 음미할 인간이 존재하든 존재하지 않든 그 자체로 가치 있다. 인간이 제공하는 것은, 그런 창작물들이 그 자체로 가치 있기 때문에 마땅히 받아야 할 감탄을 할 수 있는 능력이라고 버스는 말한다.

튜니슨의 견해는 그 반대다. 예술의 가치는 거기에 잠재된 어떤 고유한 속성이 아니고, 예술이 우리 안에 특정한 감성을 불러일으키는 능력이다. 예술이 지니는 가치의 원천은 예술 그 자체가 아니라 바로 우리다.

그러나 우리가 그런 가치의 원천이라면, 무엇이 우리를 가치 있게 만드는가? 튜니슨에게 인간의 가치는 도구적이 아니지만, 그렇다고 인간이 그 자체로 좋은 것도 아니다. 인간의 가치는 도구적이기보다 **관계적**이다. 다시 말해 우리는 어떤 것과의 관계 속에서 가치가 있다. 어떤 것과 맺는 관계가 우리를 가치 있게 한다. 그렇다면 궁금해진다. 우리의 가치가 어떤 것과의 관계 속에서 생긴다면, 그게 어떻게 도구적이 아닐 수 있는가? 도구적 가치가 바로 어떤 것과의 관계에서 생기는 가치 아닌가?

튜니슨의 생각은 이렇다. 우리의 가치는 관계적이지만, 여기서 관계적이라는 것은 다른 어떤 것과의 관계가 아니다. 우리를 가치 있게 하는 것은 바로 **우리 자신과의** 관계다. 앞에서 썼던 표현으로 바꿔 말하면, 우리의 '좋음'은 우리가 무언가에 좋을 수 있다는 점에 있지만, 다른 어떤 것에 좋아서가 아니다. 우리는 버스가 생각하는 것처럼 예술이나 진리에 좋은 것이 아니고 바로 우리 자신에게 좋다. 이게 어떻게 가능한가? 넓게 말하면 사람이 스스로에게 가치 있을 수 있는 이유는 자신을 위해서 좋은 삶을 구상하고 구축할 수 있기 때문이다.

좀 더 자세히 살펴보자. 다른 동물과 달리 인간은 한 발짝 물러서서 자신과 자신의 삶을 생각할 능력이 있다. 우리는 어떤 삶이 살 만한 가치가 있는지 질문하고 그런 삶을 살려고 노력할 수 있다. 나에게 가치 있는 인생이 무엇인지 자문하고, 미래에 어떤 삶을 영위할지 고민하고, 나 자신을 위해 그 삶을 만들어가려고 노력할 수 있다. 생명체 중에 우리가 아는 한 오직 인간만이 그렇게 할 수 있다.

튜니슨도 버스처럼 이성의 역할을 핵심적으로 본다. 우리가 좋은 삶을 구상하려면 우리는 누구이며 무엇을 하고, 믿고, 느끼는지 생각할 능력이 있어야 한다. 그러나 튜니슨은 버스와는 다르게 인간의 가치가 다른 어떤 것에 유용하다는 데 있지 않고, 자신을 위해 좋은 삶을 구상하고 구축하는 능력에 있다고 여긴다. 좋은 삶을 구축하는 일은 우리를 어떤 또 다른 좋은 것으로 인도하지 않는다. 그렇다, 좋은 삶을 구상하고 구축하는 일의 가치는 좋은 삶을 구축한다는 그 자체에 있다. 그뿐이다. 그러므로 우리의 가치는 (다른 어떤 것을 위해) 도구적이지 않고 (우리 자신에 대해) 관계적이라고 튜니슨은 말한다.

좋은 것이 관계적인 동시에 비도구적이라는 생각은 이상하거나 직관에 반한다고 느껴질 수 있다. 하지만 이렇게 생각해보라. 망치와 가구의 관계를 나와 내 삶의 관계에 대조해보라. 망치는 가구를 제작할 때 도움이 되므로 도구적 가치가 있다. 망치에 가치를 부여하는 것은 가구라는 특정한 물품이다. 그렇지 않으면 망치는 아무 가치도 없다. 그렇다면 망치는 관계적인 동시에 도구적이다. 가구에 대해 관계적이고, 가구를 제작하는 일에 도구적이다.

그러나 내가 나의 삶과 맺는 관계는 그렇지 않다. 도구적이 아니다. 내가 내 삶을 구축할 때는 다른 어떤 것을 더 좋거나 흥미롭거나 조화롭게 만들려고 노력하지 않는다. 내가 더 좋거나 흥미롭거나 조화롭게 만들려고 노력하는 것은 바로 **나의 삶**이다. 나는 내 삶을 구축할 뿐 다른 것이나 다른 사람의 삶을 구축하지 않는다. 그러므로 나는 나의 삶과 관계 맺고 있지만, 다른 어떤 것을 더 좋거나 흥미롭게 만드는 도구는 아니다……. 이 정도면 아마 이해됐을 것이다.

버스와 튜니슨은 인류 존속이 왜 중요할지 생각해볼 방도를 각자 다른 방식으로 제시한다. 그들이 그러려고 한 것은 아니다. 미래에 인류가 존속해야 할 근거 제시는 이 철학자들이 의도하는 바가 아니다. 그들의 관심사는 우리 뒤에 올 사람들이 아니라 여기 지금 있는 그대로 존재하는 우리다.

하지만 두 사람의 관점에는 미래에 인류가 존속하는 데 정당한 명분을 부여할 길을 제시하는 공통된 무언가가 있다. 바로 다양한 것들과 정교한 관계를 맺을 수 있는 인류의 능력을 바라보는 방식이다. 그들의 관점에서 드러나는 공통점은, 인간은 우리가 알기로 다른 동물의 능력을 초월하는 특별한 능력이 있다는 것이다. 그 능력을 요약하면 아름다움, 진리, 좋은 삶을 체험하고, 창조하고, 다루는 능력으로 표현할 수 있다. 이 특별한 능력에는 물론 더 많은 것이 담겨 있지만, 일단 감각 능력과 이성에 관한 버스의 생각과 인간은 좋은 삶을 구상하고 도모함으로써 자신과 관계 맺는다는 튜니슨의 생각을 종합하면 다음과 같이 정리된다. '인간은 다른 동물에게 없거나 최소한 다른 동물은 인간의 수준을 전혀 따라잡지 못하는 능력이 있는데, 바로 아름다움, 진리, 좋은 삶과 어떤 소중한 관계를 맺는 능력이다.'

(여담이지만, 여기서 우리는 버스와 튜니슨이 칸트의 철학적 전통에 따라 사고하면서도 거기에 어떻게 더 풍부함을 더하는지 알 수 있다. 이성은 그들의 견해에서 중요한 역할을 하지만, 이성만 인간에게 가치를 부여하지는 않는다. 그보다는 세상에서 이성을 독특하게 사용하는 방식과 인간의 독특한 감각 능력이 인간 존중의 근거가 된다.)

이것이 옳다면, 우리가 자신이나 다른 사람을 통해 세상에 보탤 수 있는 행복의 양과 무관하게 인류가 존속할 근거가 또 하나 생긴다. 인간이 사라지면, 위에서 예시한 체험들도 더 이상 존재하지 않는다. 그리고 그런 체험은 인공지능으로 복제하기도 훨씬 어렵다. 내 생각에는 바로 이 부분이 비극적 손실이다. 아름다움, 진리, 좋은 삶의 가능성을 체험할 수 있는 존재가 사라지면, 어떤 중요한 면에서 세상은 피폐해질 것이다.

왜 그런지 이해하기 위해, 앞에서 행복을 가지고 했던 것과 비슷한 사고 실험을 해볼 수 있다. 이번에 그려보는 세상 속 인간은 다른 동물과 아주 비슷하게 먹고, 자고, 서로 어울리기를 즐기며 행복하게 지내지만, 아름다움이나 진리는 전혀 체험하지 못한다. 그들은 이를테면 농구의 우아한 동작이나 수영

선수가 유유히 물을 가르는 모습처럼 다양한 스포츠의 아름다움을 알아보지 못한다. 그들이 소설을 읽는 경험은 우리가 언론보도를 접하는 것과 비슷해서, 소설 속 인물에 관해 사실 관계만 습득할 뿐 그들에게 어떤 감정이입을 하거나 자기 경험에 비추어 공감하지 못한다. 과학이 주는 통찰은 그저 하나의 사실일 뿐, 그 통찰로 세상이 밝아진 느낌 같은 것은 전혀 없다.

기왕 하는 김에 좀 더 가보자. 그 세상에는 아예 스포츠나 소설이나 과학이 존재하지 않을 수도 있다. 애초에 이런 것들과 관련된 활동을 하려면 그 활동의 가치를 인식할 수 있어야 하기 때문이다. 게다가 성취해야 할 좋은 삶에 대한 비전도 없을 것이다. 밀의 표현을 빌리자면, 그 세상 속 인간들은 그가 고급 쾌락이라고 부르는 것에 접근하지 못한다.

거의 모든 비인간 동물의 삶이 대체로 여기서 묘사하는 삶에 해당한다. 비인간 동물은 이성의 한계와 이와 관련된 정서적 범위의 한계 때문에 인간처럼 다양한 활동이나 물건을 만들거나 감상하지 못한다. 비인간 동물은 먹이를 찾아다니면서 자기와 새끼를 포식자로부터 보호하고, 서로 교감하고, 생태계에서 틈새를 확보한다. 비인간 동물을 가리켜 행복하다(또는 최소한 때때로 행복하다)고 표현하는 일이 이상할지 몰라도, 나는 많은 동물이 즐거움이라는 감정을 느낀다고 추측한다. 인지 능력이 좀 더 발달한 동물들이 즐기는 다양한 놀이가 그 증거다.

자연 다큐멘터리에서 개나 곰, 침팬지, 돼지가, 특히 새끼들이 서로 짓궂게 장난치고, 발로 건드리고, 엎치락뒤치락하는 모습을 본 일이 있을 것이다. 그리고 동물이 그렇게 노는 모습을 보며 다들 즐거운 기분을 느꼈을 것이라 생각한다. 만일 동물에게 행복이 존재한다면, 내가 볼 때는 새끼들의 그러한 모습이 예시가 되어야 한다.

그러나 그냥 그게 전부여서, 그 세상에서는 인간을 포함한 모든 생명체가 음식, 수면, 성관계, 상호 관계 같은 기본적인 것들만 체험할 뿐이라고 상상해보자. 그것은 손실 아닐까? 아름다움, 진리, 좋은 삶의 가능성을 창조하고 음미하는 체험이 없으면 세상이 황폐해지지 않을까? 내가 보기에는 그럴 것 같다. 그리고 그런 체험의 종말을 비극으로 여기는 사람은 나만이 아닐 것이다. 세상은 약간 황폐해질 것이고, 그 풍부함을 일부 상실할 것이다.

행복에 관한 사고 실험 때와 마찬가지로, 아름다움, 진리, 좋은 삶을 체험하지 못하는 것이 손실이라는 확신을 누구에게 줄 만한 특별한 논거가 내게는 없다. 대신에 나는 그림을 그려놓고 내게 보이는 것이 당신에게도 보이는지 물어보는 수밖에 없다. 그 답은 완전히 열려 있어서, 아마 베너타 같은 사람이라면 아름다움, 진리, 좋은 삶을 체험하는 일에도 대체로 무감동할 것이다. 그럴 경우 인류가 존속하는 쪽으로 저울을 기울게 할 수 있는 것은 아무것도 없을지 모른다. 하지만 나는 우리 대다수가 세상에서 그런 체험이 없어지는 상황을 막대한 손실로 여길 것이라 생각한다.

    이쯤에서 앞서 논의했던 의미 충만함과 서사적 가치를 다시 떠올려볼 수 있다. 삶이 표출하는 즉흥성, 치열성, 모험성 같은 일정한 테마 덕분에, 인생이 단순한 행복 이상으로 의미 충만할 수 있다는 생각 말이다. 의미 충만함은 우리가 여기서 고려하는 체험과 무슨 관계가 있을까? 결국은 둘 다 세상과 관계 맺는 방식과 관련되어 있다. 서사적 가치는 세상을 일정한 방법이나 방식으로 살아가는 삶의 테마다. 음악 한 곡을 감상하거나, 수학적 진리를 발견하거나, 인생을 어떻게 살아야 할지 성찰하면서 아름다움, 진리, 좋은 삶을 체험하는 일은 흔히 지속 시간이 더 제한적이어도 그 또한 세상과 관계 맺는 방식이다.

    이 부분에서 당신은 내가 인간의 중요한 체험을 논하면서 중요한 것을 빠뜨렸다는 충분히 근거 있는 의심이 들 수 있다. 다름 아닌 사랑이다. 내가 냉정해서가 아니다. 사랑은 분명 인생에서 경험하는 가장 중요한 관계에 해당한다. 내가 지금까지 사랑을 거론하지 않은 이유는 주로 인간이 할 수 있는 체험에 초점을 맞췄기 때문이다. 논쟁의 여지는 있지만, 내가 생각하기에 사랑이라는 경험은 인간의 전유물이 아니다. 그러므로 나는 이 문제를 다음 장에서 따로 다루는데, 거기서 인간의 행위에 억압되는 다양한 비인간 동물의 사랑과 인간의 사랑을 대조할 수 있을 것이다.

# 미래 세대가 더 이상 존재하지 않는다면

지금까지 인류의 존속에 타당성을 부여하는 두 가지 근거, 즉 인류가 존속하면 세상에 행복을 보낼 수 있다는 점, 그리고 아름다움, 진리, 좋은 삶의 체험이 세상에 존재하게 된다는 점을 살펴보았다. 세 번째 근거도 있다. 이것은 최근에 철학자 새뮤얼 셰플러Samuel Scheffler가 관심을 불러일으켰다. 셰플러는 《뉴욕 타임스》 기고문에 이어 두 권의 저서 《죽음과 후생Death and the Afterlife》과 좀 더 전문적인 《왜 미래 세대를 걱정하는가?Why Worry About Future Generations?》에서, 인간이 세상에 무엇을 기여할 수 있는지가 아니라 인류 그 자체에 근거해 인류 존속의 이유를 제시한다.9 그의 생각으로는, 지금 존재하는 인간의 삶이 온전히 의미 있으려면 인류가 계속된다는 믿음이 있어야만 한다. (이쯤에서 아마 내 세대 독자들은 핵 재앙 이후 인류의 멸종을 그려 우리를 공포에 질리게 했던 조너선 셸Jonathan Schell의 1982년 초대형 베스트셀러《지구의 운명The Fate of the Earth》이 생각날 것이다.)

셰플러의 생각은, 우리가 단순히 자녀라는 형태로 인류가 이어지기를 **바라야** 한다는 뜻이 아니다. 물론 자녀가 있거나 아는 아이들이 있는 사람은 그러기를 바랄 테고, 아직 자녀가 없는 많은 사람도 앞으로 낳을 자녀를 통해 인류가 존속하기를 바랄 것이다. (하지만 알다시피 요즘 젊은 세대는 기후 재난이 심해지는 세상에 아이를 낳아도 될지 깊이 갈등한다.) 그러나 우리가 죽은 뒤에 태어날, 대부분 우리와 혈연관계도 없고 전혀 모르는 미래 인간의 존재도 우리의 삶에 중요한 의미를 부여한다고 셰플러는 주장한다.

그게 무슨 뜻인지 이해하기 위해서 몇 가지 예를 살펴보자. 해당되는 사람은 적지만 명백한 예로 암 치료 연구자를 들 수 있다. 현재 몇몇 연구자들이 이 일을 하고 있다. 이들은 자기들이 생전에 치료법을 찾지 못해도 언젠가는 발견될 것이라는 희망을 품고 이제까지 쌓은 지식을 차세대 연구자들에게 물려주겠다고 생각한다. 그런데 〈칠드런 오브 맨〉 시나리오처럼 다음 세대가 없다고 해보자(셰플러 본인도 〈칠드런 오브 맨〉을 언급한다). 그래서 그 연구자들이 죽으면 연구도 끝난다고 해보

자. 그들이 살아 있는 동안 치료법을 발견할 수 있다고 확신하는 경우가 아니라면, 그들이 하는 일에 대체 무슨 의미가 있는지 분명치 않다.

암 연구자는 인간 전체 중에 아주 소수다. 그러나 좀 더 넓게 보면 대다수까지는 아니더라도 우리 중 많은 사람의 삶의 의미는, 우리가 전혀 만날 일이 없는 미래 세대의 존재 여부에 어느 정도 의존하고 있음을 알 수 있다. 우선 작가나 엔지니어, 회사를 세우는 창업가, 집 짓는 노동자, 역사가들의 지혜를 전달하는 교사, 아니면 극작가, 심리학자, 목수 등을 생각해보라. 중요하고 가치 있는 전통이어서 본인이 거기에 참여할 뿐 아니라 다른 사람에게도 전달하거나 전달할 만하다고 여기는 사람을 누구든 떠올려보라. 아주 광범위하게 생각해도 된다. 스포츠 팬이어도 되고, 로터리 클럽 회원이어도 되고, 아니면 나무가 자랐을 때 즐기라고 남을 위해 나무를 심는 사람이어도 된다. 그들도 만일 미래 세대가 없다면 삶의 의미를 일부 잃을 것이 분명하다. 물론 삶의 의미가 전부 사라지지는 않겠지만, 많은 경우에 그 상실감이 그저 미미하지만은 않을 것이다.

그런 많은 활동은 그 순간에 즐기는 것이고 꼭 미래 세대가 존재해야 활동에 의미가 생기는 건 아니라고 반박할 수 있다. 예컨대 불교나 스토아학파의 관점은 분명히 그렇다. 누구나 어느 정도는 찰나의 즐거움을 추구한다는 생각에 나도 동의

한다. 그리고 그런 활동이 꼭 계속 이어져야 의미 있는 것도 물론 아니다. 그러나 이런 경우를 생각해보라. 식료품점, 식당, 약국 등을 운영하는 소규모 자영업자가 어느 시점에 어떤 이유로 폐업을 해야 하는 상황이다. 지난 몇 해 동안 시장이 변했을 수도 있고, 영업하는 데 드는 비용이 너무 올랐을 수도 있다. 혹은 주인이 나이 들어 일을 계속할 수 없게 됐는데 그 가게를 매입할 사람이 없거나, 주인의 자녀들이 그냥 자기 삶을 살고 싶어서 가게를 물려받을 생각이 없을 수도 있다. 창업해서 오랜 세월 사업을 꾸려온 일이 의미 있었고, 사업을 운영하는 순간들이 중요했다고 해도, 폐업을 앞두면 흔히 슬픔과 심지어 회한이 몰려온다. 그래서 대개는 그때그때의 순간만이 아니라 그 순간들이 기여하는 미래도 우리에게 중요하다.

셰플러의 생각을 좀 더 따라가보자. 현세대의 생명이 갑자기 끊기지 않더라도 앞으로 인류 종말이 온다면 슬프고 절망적이지 않을까? 지금 당신이 읽는 이 책은 쓰기도 힘든 책이지만, 많은 사람에게 읽기 힘든 책이 틀림없다. (감정적으로 말이다. 바라건대 책 자체는 어렵지 않았으면 좋겠다. 아무리 철학이래도!) 왜냐하면 인류 종말의 가능성을 생각하는 일이 우울하기 때문이다. 물론 다른 이유 말고도 태양이 서서히 팽창하다가 언젠가 지구를 삼키게 되면, 결국 인류는 멸망할 수밖에 없다는 것을 누구나 안다. 그러나 인류의 종말을 그런 식으로 묘사하면 우리 대다수에게는 아주 먼 훗날의 일로 느껴진다. 인류 종말의 가능성을 앞당겨서 우리 삶이 끝날 때 인류도 끝난다고 설정하면, 생각하기에 훨씬 더 암울한 시나리오가 된다.

셰플러는 미래 세대의 존재와 건강이 우리와 우리의 행동에 의존하듯, 우리의 삶을 가치 있게 만드는 중요한 측면이 미래 세대에, 특히 그들이 앞으로 존재할 것이라는 사실에 의존한다고 주장한다. 인류가 멸망하면 미래 세대는 존재하는 기쁨을 빼앗기고(하지만 앞에서 논의한 대로, 아직 아무도 태어나지 않았으니 그런 빼앗김을 당한 특정인이 존재하지 않는다), 우리는 삶을 의미 있게 만드는 중요한 측면을 빼앗긴다.

## 질문하는 인간과 인구 감소

지금까지 인류가 미래에 계속 존재해야 할 세 가지 이유를 살펴보았다. 첫째, 세상에 행복이 늘어난다. 둘째, 오직 인간만이 세상에서 (어느 정도 풍부하게) 누릴 수 있는 중요한 체험이 계속 이어진다. 끝으로, 현존하는 사람들이 삶의 의미를 유지하는 데 도움이 된다.

우리는 이제 인류 존속의 몇몇 단점을 검토할 것이다. 하지만 그 전에 정면으로 다뤄야 할 두 가지 문제가 남아 있다. 첫째는 앞 장 끝부분에서 제기했던 문제로, 이 모든 것이 인간의 관점을 전제로 하지 않느냐다. 인간이 없으면 이게 다 무슨 의미가 있을까? 둘째로, 인간이 계속 태어나야 할 모든 이유는 인구가 지금보다 훨씬 적어도 똑같지 않을까? 그렇다면 굳이 완전한 멸종을 고려할 필요가 있을까? 인구가 80억 명이 아니라 100만 명만 돼도 인류가 존속해야 할 이유 세 가지를 전부 충족하기에 충분하지 않을까?

둘 다 훌륭한 문제 제기다. 첫 번째 문제가 안기는 어려움은 이렇다. 세상에 행복을 보태서 더 좋은 세상을 만드는 일에 이바지한다는 관념 자체가 오로지 인간만 할 수 있는 생각이다. 다른 동물은 그런 생각을 하지 못한다. 그럼 인류가 더 이상 존재하지 않는다고 치자. 그로 인한 행복의 감소는 누구에게 결핍인가? 계속 존재하는 다른 생명체에게는 결핍이 아니다. 그러면 행복의 감소는 어떤 의미에서 손실인가? 그와 비슷하게, 만일 예술이나 스포츠나 과학을 창조하거나 감상하는 일이 사라질 경우, 누구에게 중요한가? 우리가 아는 한 다른 동물은 창조나 감상에 무심하다. 오직 인간만이 그런 것을 중요하게 여기고, 인류 멸종이 불러올 이런 측면에 관해 묻는 것도 우리다. 우리가 사라지면 그런 체험의 상실을 아쉬워할 사람도 없을 것이다.

셰플러의 주장으로 잠시 되돌아가면, 인류 멸종이 불러올 이런 측면이 현존하는 우리에게 왜 중요한지 알 수 있다. 우리 이후에 아무도 존재하지 않을 것을 알면 우리의 삶, 즉 현존하는 사람들의 삶이 피폐해진다. 물론 그건 인간이 하는 걱정이고, 인류가 사라지면 이 문제로 염려할 사람도 없다. 그러나 임박한 멸종이 미칠 영향은 당장 현존하는 우리에게 미칠 영향이고, 그런 일이 없었으면 유지되었을 일정한 삶의 의미를 우리에게서 앗아갈 것이다. 생각해보면, 여기 있는 우리 **역시** 걱정하고 있다. 베너타 지지자를 제외한 우리 대다수는 그런 체험을 할 사람이 없는 세상이 찾아오길 바라지 않는다.

물론 인류가 사라지면 행복의 지속 등을 염려할 사람도 없어진다. 그리고 그런 염려가 인간의 관점에서 나온다는 것도 사실이며 요점의 일부다. 하지만 인간이 있는 미래와 없는 미래가 어떤 특징을 보일지 질문할 때, 우리는 질문을 할 수 있는 유일한 입장인 인간의 관점에서 질문한다. 우리가 소유하는 관점, 우리에게 주어진 유일한 관점에서 인류 존속의 전망을 평가한다. 우리는 세상을 살피고, 우리가 계속 존재하면 어떻게 될지 생각하고, 이 생각과 우리가 사라졌을 경우를 비교하고, 각 시나리오의 장단점을 묻는다. 인간의 탐구를 거치지 않고서 그런 평가가 어떻게 이루어질 수 있겠는가?

여기서 내가 말하는 '인간의 관점'이나 '우리'는 누구나 동의하는 단일한 관점을 의미하지 않는다. 앞에서 이미 보았듯, 인간의 관점을 취하면서도 베너타처럼 내가 인류 존속의 장점으로 제시한 모든 논거에 설득되지 않는 사람들도 존재한다. 인간의 관점이란 통일된 단일한 관점이 아니라, 이슈를 논의에 부치는 능력을 말한다. 인간의 관점이 없으면 사라지는 것은 계속 존재할 다른 생명체들과는 무관한 미래의 손실만이 아니다. 인간의 관점이 없으면, 미래에 어떤 손실이 생길지 질문하는 능력도 사라진다. 알고 보니 인류가 멸종해도 별 손실이 없다거나 오히려 득이 된다는 답이 나올지라도, 현존하는 인간만이 그런 질문을 던질 수 있다.

우리는 스스로 그 질문을 던지면서, 우리와 세상을 계속 공유하거나 공유하지 않을 비인간 동물의 이익도 일부 대변해 답하거나, 혹은 어떻게 답할지에 관해 의견 충돌을 겪는가? 그렇다. 그러지 않고서는 달리 답을 찾을 방도가 없다. 유일한 대안은 아예 질문을 던지지 않는 것뿐이며, 이러한 태도는 인간의 관점에서 질문하는 것보다 철학적으로 더 나은 대안으로 생각되지 않는다.

이제 두 번째 문제로 넘어가자. 다음 장에서 보게 될 모든 문제점을 덜 유발할 만큼 인구가 대폭 감소하더라도 지금과 똑같이 세상에 행복을 보태고 아름다움, 진리, 좋은 삶을 체험할 수 있을까? 인구가 지금보다 훨씬 줄어들면 중요한 어떤 것이 박탈되지는 않을까? 인구 감소의 영향에 관해서는 나중에 다시 다루겠지만, 일단 여기서는 인구 감소가 지금까지 살펴본 인류 존속의 근거들과 어떻게 연결되는지 보자.

 인간이 세상에 행복을 보탠다는 인류 존속의 첫 번째 근거는 이 관점에서 봤을 때 제일 복잡하다. 데릭 파핏의 논리에 따르면 행복이 많을수록 반드시 더 좋은 것도 아니고, 무엇이 좋은지는 행복이 어떻게 분배되느냐에 좌우된다. 인구가 적고 개인이 행복한 경우보다 인구가 훨씬 많고 개인이 거의 행복하지 않은 경우가 행복의 총량이 더 클 수 있다는 '역겨운 결론'이 보여주듯, 인간이 저마다 세상에 일정한 행복을 가져다준다고 해도 인간의 수를 늘려 행복을 늘리려는 시도가 언제나 더 나은 세상으로 이어지지는 않는다.

 하지만 이 논리만으로는 인구가 지금보다 대폭 감소하는 것이 낫냐는 질문에 답이 나오지 않는다. 그 계산이 쉽지 않다. 개인의 개별적인 행복과 인구 전체 행복의 총량 사이에서 균형을 잡을 방법을 알아내야 한다. 우리가 기껏해야 말할 수 있는 것은 인간이 적을 때보다는 많을 때 행복의 총량이나 심지어 평균이 높아질 수 있지만, 그것만으로는 인간이 몇 명이어야 최적일지 답할 수 없다는 점이다. 그 답은 사용할 수 있는 자원과 재화의 분배 등에 좌우된다.

인류 존속의 다른 두 장점, 즉 인간이 아름다움, 진리, 좋은 삶을 창조하고 발견하고 감상한다는 점과 셰플러가 관심 두는 부분은 인구 감소와 어떻게 연결될까? 전자에 관해서는, 인구가 줄어들어도 인구가 많을 때와 똑같이 그 장점이 이어질 것으로 보인다. 여기서 중요한 것은 창조와 감상 형식의 다양성이다. 그 다양성을 지탱하기에 충분할 만큼 사람이 많아야 한다. 그러나 일단 일정한 수준에 도달하면, 그때부터는 그런 체험이 더 많아지는 것이 대단히 중요하게 생각되지 않는다. 그림을 그리고, 소설을 쓰고, 과학과 스포츠, 기타 인간의 창조 활동에 참여하고 그 창조물을 감상하는 인간이 있다는 것은 세상에 보탬이 된다. 그러나 어느 시점부터는 체험의 양은 상관없어 보인다. 세상을 한 차원 높여주는 것은 그런 활동의 존재이지 활동의 증식이 아니다. 훨씬 적은 인구로도 훨씬 많은 인구에 못지않게 이 측면에서 좋음을 성취할 수 있다.

 셰플러의 관심사, 다시 말해 미래 세대의 존재와 밀접하게 얽힌 우리 삶의 의미도 훨씬 적은 인구로 충족될 수 있다. 그의 요지는 현세대의 활동, 전통, 계획을 이어갈 차세대가 필요하다는 것이다. 그것들을 이어갈 수 있을 만큼 사람이 많아야 하지만, 그 수준을 넘으면 인구의 규모는 문제 되지 않는다. 셰플러에게 중요한 점은 계속성이고, 따라서 이 경우에도 훨씬 적은 인구로 대규모 인구에 못지않게 그것을 달성할 수 있다.

물론 과거의 경험에 비추어 볼 때, 처음에 적었던 인구도 차츰 늘어나는 경향이 있고, 그렇게 늘어난 인구가 지금 일으키고 있는 일부 문제점들이 바로 이 책에 성찰의 계기를 제공했다. 그렇다면 이건 문제다. 왜 그런지 이해하기 위해 마음을 단단히 먹고 나쁜 소식을 살펴볼 시간이 되었다. 유쾌하지 않지만, 외면은 해결책이 아니다. 그럼 이제 나와 함께 이 여정의 다음 단계로 넘어가자.

다음은 공장식 축사에서 사육되는 젖소의 생애를 묘사한 내용이다.[1]

미국에는 900만 마리 이상의 젖소가 산다. 이 영리하고 예민한 개체의 다수가 극도로 비좁고 비위생적인 환경에 갇혀 우유 생산 기계처럼 취급받는다. 그렇게 우유 생산을 위해 고통스럽게 살다가 수익을 못 내면 곧바로 도축장에 보내진다. ……
 젖소를 강제로 임신시켜 새끼가 태어나면 바로 어미와 분리해 송아지가 자연스럽게 빨아야 할 젖, 즉 우유를 인간 소비용으로 판다. 어미와 새끼 모두에게 감정적 트라우마를 일으키는 이 과정은 계속 반복 순환된다. ……
 집약적으로 사육되는 젖소는 지난 세월 동안 우유를 부자연스럽게 많이 생산하도록 선별적으로 번식되었다. 젖소 한 마리의 우유 생산량이 과거 40년간 두 배로 늘었는데, 이것은 젖소의 신체에 대단한 부담을 준다. 그런데도 우유 생산량을 더 늘리겠다고 젖소에 소 성장호르몬인 보바인 소마토트로핀을 주사한다. 이것은 소의 유방염, 불임, 절뚝거림 위험 증가와 연관 있는 것으로 나타났다.

공장식 축사에서 사육되는 젖소는 자연스럽게 풀이나 다른 식물을 뜯어 먹지 못하고, 옥수수나 밀을 가공한 곡물 위주의 먹이를 섭취당한다. 이런 곡물은 값도 저렴하고 젖소의 우유 생산을 최대화하지만, 전분 함량이 높고 식이 섬유가 적어서 소에게 소화기 질환을 일으킬 수 있다.

젖소의 자연 수명은 약 20년임에도 낙농업계가 사육하는 젖소는 일반적으로 4.5~6세에 도축된다. 그 나이가 되면 우유를 충분히 생산하지 못해서 더 살려두기에는 수지가 맞지 않는다. ……

몹시 아프거나 다쳐서 움직이지 못하는 소는 '기립 불능' 판정을 받고 바로 축사에서 죽임을 당한다. …… 다른 젖소들은 도축장으로 보내져 다짐육 같은 저렴한 가공육의 형태로 인간의 먹이 사슬에 진입한다. 이 소들은 더러운 트럭에 초만원 상태로 태워져 물도 먹이도 없이 장거리 이동한 후, 한 줄로 세워져 차례로 제압당하고, 전기충격을 받고, 목동맥을 절단당한다. 도축 전에 전기충격을 주는 것은 동물이 의식을 잃어 고통을 느끼지 못하게 하려는 의도지만, 항상 효과가 있지는 않아서 느리고 고통스러운 죽음을 맞을 수 있다.

소의 70퍼센트 이상이 우유나 고기를 제공하는 용도로 공장식 축사에서 사육된다. 젖소 약 900만 마리와 고기용 소

약 3000만 마리가 공장식 축사에서 산다는 뜻이다.

다음은 공장식 축사에서 사는 돼지의 생애를 묘사한 것이다.[2]

새끼 돼지가 자연스럽게 젖을 떼려면 2~3개월이 걸리지만, 공장식 축사에서는 불과 3~4주 만에 새끼 돼지를 어미와 떼어놓는다. 그리고 철제 울타리와 콘크리트 바닥으로 된 거대한 창고형 축사에서 밀집 사육되다가 번식용 또는 고기용으로 분류된다. 도축장으로 수송되는 도중에만 매년 100만 마리 이상의 돼지가 죽고, 너무 심하게 병들거나 다쳐서 일어나 걷지 못하는 '기립 불능' 돼지가 무려 10퍼센트에 달한다.

공장식 축사에서 사육되는 수컷 새끼 돼지는 마취나 통증 경감 조치 없이 거세된다. ……

돼지는 밀집 사육될 뿐 아니라 이동할 때도 극심한 수송 밀도를 견뎌야 한다. 이 초만원 상태는 흔히 걷잡을 수 없는 고통을 일으키고 심지어 도축장에 도착하기도 전에 죽음에 이르게 한다. 도축장에서 돼지는 제일 먼저 '전기충격'으로 실신시키게 되어 있다. …… 하지만 도축장에서 행하는 전기충격은 정확성이 형편없다. 의식이 남은 돼지들이 거꾸로 매달려 발버둥 치고 꿈틀거리는 상태에서 도축장 노동자가 멱따기를 시도하는 경우도 드물지 않다. 만약 노동자가 이 첫 단계에서 목동맥을 절단하지 못하면, 돼지는 도축 공정의 다음 단계인 탕박조(돼지를 뜨거운 물에 담가 털과 가죽을 제거하는 공정을 위한 용기—옮긴이)로 옮겨져, 완전히 의식이 있는 상태에서 산 채로 삶아진다.

미국에서 사육되는 돼지의 97퍼센트에 해당하는 약 1억 500만 마리가 공장식 축사에서 사육된다.

이게 최악이냐 하면 그렇지가 않다. 송아지는 살이 연하게 유지되도록 비좁은 나무 상자 속에 가두어 움직이지 못하게 한다. 푸아그라는 오리와 거위 목에 사료를 강제로 주입해 생산한다. 공장식으로 사육되는 닭의 생애는 1장에서 간단히 살펴봤다. 전체적으로 매해 수억 마리의 동물이 끔찍한 환경에서 사육되고, 짧고 비참한 생애를 살다가 대개는 고통스럽고 심지어 잔인한 방식으로 도축당한다.

―――――

공장식 축사에서 동물이 겪는 고통을 자세히 묘사하는 이유가 뭐냐고? 우리는 앞 장에서 인간, 즉 우리의 존속이 세상에 어떤 긍정적인 것을 보탠다는 점을 살펴봤다. 우리가 세상에 보태는 것 가운데 한 가지 측면인 행복은 공리주의에 토대를 둔다. 공리주의는 행복이 불행을 초과해 최대가 되도록 행동하라고 조언하는 철학이다.

하지만 이때 행복이 고통이나 **불행을 초과**하는 것이 핵심이다. 행복을 부르는 행동이 그 대가로 더 큰 불행을 일으킨다면, 그건 올바른 공리주의적 행동이 아니다. 만일 내가 푸드뱅크에서 훔친 돈으로 근사한 고디바 초콜릿 한 상자를 사서 당신에게 선물한다면, 그래서 나의 절도 행위 때문에 한 가족이 밥을 제대로 먹지 못한다면, 내가 한 일은 올바르지 않다. 당신이 초콜릿을 먹어서, 그리고 내게 후한 선물을 받아서 느끼는 즐거움보다 밥을 먹지 못하는 가족의 고통이 더 크다. 따라서 세대가 이어질 때 추가되는 인간 행복의 가치를 집계하고자 한다면, 인간이 다른 지각력 있는 생명체에 고통을 가함으로써 생성하는 음의 값을 거기서 제해야 한다. 앞으로 살펴보겠지만, 우리가 생성하는 음의 값이 상당하다.

우리 인간은 스스로 도덕적으로 반듯하다고 생각하고 싶어 한다. (우리 대부분은 그렇다. 하지만 우리 중 소수는 별로 신경 쓰지 않는다. 따로 지명하지는 않겠지만 본인들은 안다.) 우리는 이성적인 존재다. 다른 수많은 동물과는 달리 우리는 기본적으로 옳고 그름을 구분할 줄 알고, 흔히 옳은 일을 하기 위해 최선을 다한다. 우리의 삶이 좋은 것에 일조하기보다 고통을 더 많이 일으킨다고 생각하면 감정적으로 쓰라리다. 한발 더 나아가, 우리 모두가, 즉 인간 전체가 단지 이 세상에 존재하는 것만으로도 충격적인 수준의 고통이 생길 수 있다고 생각하면 정말 괴롭다. 하지만 이게 우리가 봉착한 현실이다. 아마도 우리는 그렇게 고통을 부르는 중일 것이다. 어떤 경우든 문제를 외면하지 말자.

하지만 우리가 일으키는 그 모든 고통이 우리가 세상에 기여하는 장점을 확실히 넘어서는가? 이 장에서 바로 이 부분을 파악하려고 한다. 우리가 기여하는 것에서 우리가 유발하는 고통을 차감한 총계까지 알아내지는 못하더라도, 최소한 그 고통이 얼마나 방대한지 감을 잡아볼 것이다. 그 과정에서 우리는 특히 세 가지 이슈를 다루는데, 먼저 우리가 불러오는 불행을 우리가 기여하는 행복과 비교하고, 그런 다음 우리가 유발하는 고통을 진리, 아름다움, 좋은 삶의 체험과 비교하고, 마지막으로 우리가 생태계에 가하는 위협을 살펴볼 것이다.

## 인간과 동물의 행복을 비교하면

미국을 한번 보자. 미국 인구는 현재 3억 3000만 명이 조금 넘는다. 해마다 소비 목적으로 도축하는 가축 수를 보면 미국 육류 소비로 인한 동물의 고통이 어느 정도인지 감이 잡히기 시작한다. 지난 몇 해 동안 미국에서 도축된 돼지의 수는 연평균 약 1억 3000만 마리였다.[3] 거기에 닭 80억 마리[4]와 소 3200만 마리[5]를 보태자. 그러면 한 해에 미국인 한 명이 평균적으로 돼지 3분의 1마리, 닭 24마리, 소 10분의 1마리를 먹는 셈이다. 미국인의 평균 수명이 약 75세이고 그중 본격적인 육류 소비 기간이 65년이라고 전제하면, 어림잡아 한 사람이 평생 돼지 22마리, 닭 1560마리, 소 6.5마리를 소비한다는 이야기다.

이것은 우리가 다른 가축에 가하는 고통은 포함하지 않는 수치다. 이를테면 오리라든지, 과학 실험에 동원되는 동물, 삼림 벌채와 플라스틱 쓰레기로 고통받는 동물, 그 밖의 방식으로 학대당하는 동료 생명체들 말이다.

물론 어떤 사람은 우리가 동물을 괴롭히기만 하지는 않는다고 말할지 모른다. 예를 들어 어떤 사람이 태비라는 고양이를 기른다. 태비는 행복한 고양이다. 태비의 삶은 훌륭하다. 끼니 걱정도 없고, 겨울에도 따뜻하게 잘 곳이 있고, 배변 상자도 그 사람이 항상 깨끗이 치워준다. 게다가 그 사람의 친구들도 고양이를 기른다. 행복한 고양이들을 말이다. 세상에는 행복한 반려동물이 많다. 그것도 중요하지 않을까? 그런 점도 하나의 요소로 고려해야 하지 않을까? 그뿐 아니라 공장식으로 사육되는 동물들의 삶에도 틀림없이 **얼마간의** 행복이 존재할 것이다. 모든 것이 다 고통이기만 할 리 없다. 어차피 이 동물들도 죽지 않으려고 최후의 순간까지 몸부림친다. 이 동물들도 아예 태어나지 않았으면 누리지 못했을 행복을 조금은 누리지 않을까?

몇 가지를 명확히 해두자. 첫째, 이 책에서 약간의 비교를 시도할 예정이기는 하지만, 인간이 체험하고 세상에 보태는 행복의 양이 비인간 동물에게 가하는 고통과 불행의 양을 넘어서는지 알려주는 정확한 수학 공식은 존재하지 않는다. 우리가 동물에게 가하는 고통을 계산해서 우리가 세상에 보태는 행복과 비교하는 일은 단순한 숫자의 문제가 아니며, 또 그럴 수도 없다. 한 가지 이유는 행복과 불행을 측정할 단일한 척도가 없기 때문이다.

왜 그런 척도가 없을까? 인간은 다양한 크기의 행복은 물론 다양한 유형의 행불행을 체험할 능력이 있지만, 다른 동물은 그중 일부 유형을 체험하지 못한다. 우리가 돼지, 소, 닭 같은 비인간 동물이 하지 못하는 체험을 할 수 있는 것은 우리의 인지 능력 때문이다. 따라서 인간의 행복을 비인간 동물의 행복과 비교하는 일은 사과와 사과를 비교하는 것이 아니라, 사과와 오렌지를, 어쩌면 사과와 오페라를 비교하는 것일 수도 있다.

미래를 지향하되 과거를 인식하며 살아가는 것은 인간의

삶에서 중심을 이룬다. 우리는 삶을 어디선가 시작해 다양하고 다채로운 단계를 거쳐 마침내 종착점에 이르는 궤적으로 여긴다. 우리는 미래가 과거와 연결되어 있다고 생각할 뿐 아니라, 죽음을 생각하고 삶의 궤적에서 죽음이 의미하는 바를 생각한다. 이게 다 무슨 뜻인가 하면, 인간은 기대와 예상, 아쉬움과 회한, 흥분과 우려를 경험하며, 그럴 수 있으려면 완전한 인간 의식이 필수라는 뜻이다.

그렇다면 어떤 사람은 다른 동물도 그런 감정을 어느 정도 경험할 수 있다고 말할지 모른다. 그 말도 맞을 수 있다. 나는 동물권 강좌를 맡아 가르치는 과정에서, 다른 동물도 상상보다 훨씬 풍부한 삶을 산다는 것을 알게 되었다. 하지만 인간의 경우, 삶이 과거에서 시작해 미래로 펼쳐지다가 죽음으로 끝난다는 인식이 삶에 대한 접근 방식을 계획하는 데 매우 중요하다. 그게 바로 인간의 본질이며, 인지적 자각 능력이 현저하게 결여된 동물은 그렇지 못할 것으로 추측된다. 닭과 소가 그런 능력이 부족한 동물에 해당하고, 돼지는 그만큼 부족하지는 않다.

따라서 이른바 인간 삶의 **풍부함**이 부여하는 행복과 불행의 차원은 다른 동물의 행불행과 동일한 척도로 비교할 수 없다. 이것은 우리가 경험하는 행복과 우리가 유발하는 고통을 비교하는 일도 어렵게 만든다.

나는 인간 경험의 풍부함이 행복의 또 다른 차원을 체험할 수 있게 해줄 뿐 아니라 심지어 행복도까지 높여준다고 생각한다. 왜냐하면 인간은 대다수 동물이 경험하는 행복(밥, 잠, 성관계, 새끼 기르기, 같은 무리 돌보기 등)과 더불어 예술, 과학, 스포츠, 그리고 앞 장에서 살펴본 기타 여러 활동에서 즐거움을 경험할 수 있기 때문이다. 물론 우리가 경험하는 고통도 비인간 동물의 경험 범위를 넘어서는 경우가 있다. 예컨대 사람은 다치면 일자리나 앞으로의 건강을 염려한다. 그러나 앞 장에서 베너타의 입장을 논의할 때 내가 제시한 견해, 즉 우리 대다수에게 삶이란 대체로 행복하고 적어도 살 만한 가치가 있다는 견해를 고수한다면, 우리가 인간 삶의 풍부함을 통해 누리는 행복은 바로 그 풍부함에서 생긴 불행을 전반적으로 능가한다고 가정할 수 있다.

내가 지금까지 우리 인간을 대표해 주장한 내용은 인간과 다른 동물의 행복을 동일한 척도로 측정할 수는 없어도, 인간은 다른 동물이 누리지 못하는 차원의 행복을 누릴 수 있으므로 비인간 동물의 체험 범위를 넘어서는 유형의 행복을 덧붙여 누린다는 것이다. 따라서 우리가 세상에 보태는 행복과 다른 동물에게 끼치는 고통을 비교할 때, 비록 단일한 측정 기준은 없더라도 인간의 행복도가 비인간 동물보다 높을 수 있다고 말할 수 있다. 그렇다고 해서 우울증에 걸린 '밥'이라는 사람이 고양이 '태비'보다 더 행복하다는 뜻은 아니다. 그보다는 인류 존속의 장점이 인간이 주변 동물에게 주는 고통을 **능가할** 가능성이 열린다는 의미다.

하지만 정말 그럴까? 다른 동물도 인간이 하지 못하는 그들만의 체험이 있고, 그것이 동물에게 나름대로 고유한 차원의 행복을 제공할 수도 있다고 태비의 주인이 말하는 소리가 들려온다. 개는 민감한 후각 덕분에 좋은 냄새를 맡으면 한층 더 짜릿한 쾌감을 느낄지 모른다. 고양이는 인간의 제한된 시각 능력으로는 누릴 수 없는 시각적 쾌감을 체험할지 모른다. 코끼리는 특히 청각이 뛰어나서 인간이 인지조차 할 수 없는 소리를 즐길지도 모른다. 그렇다면 '경험의 풍부함'이라는 척도로 봤을 때, 인간과 비인간 동물 사이에는 어쩌면 차이가 없을 수도 있다. 그저 풍부함의 내용이 다를 뿐이다.

이 논리에는 두 가지 문제점이 있다. 첫째, 인간에게 경험의 풍부함이란 특정한 감각에서 더 많은 것을 얻어내는 것과는 무관하다. 그것은 다른 종류의 경험이다. 지적이고 예술적인 것에 관여하는 경험은 단순히 시각적으로나 청각적으로 더 큰 쾌감을 얻어내는 데 목적이 있지 않다. 이 경험은 우리의 경험에 다른 수준의 풍부함을 더하는, 차원이 다른 행복이다.

그럼에도 태비의 주인은 이렇게 반박할지 모른다. 예컨대 청각적 쾌감이 크면 다른 차원의 예술적 쾌감을 벌충할 수 있지 않을까? 그렇지 않더라도 예술적 쾌감은 차원이 달라서 동물의 쾌감과 비교하는 일이 아예 불가능하다면, 인간의 경험이 더 풍부하다는 생각도 최소한 불확실하지 않을까? 바로 이 부분에서 태비의 주인은 두 번째 문제점에 부딪힌다.

경험의 풍부함이라는 면에서 인간과 다른 많은 동물 사이에 아무 차이도 없다고 해보자. 그런데 우리가 사람의 생명과 개의 생명 중 어느 쪽을 희생해야 할지 선택해야만 하는 상황에 처했다고 가정해보자. 이때 사람 대신 개를 희생시켜야 하는 타당한 근거는 무엇일까? 그냥 사람이니까 사람을 살린다고 말할 수 없다. 이것은 현재 쟁점이 되고 있는 문제다. 그냥 사람이니까 사람을 살린다는 생각에서 멈출 경우, 철학자 피터 싱어Peter Singer와 그 밖의 동물권 이론가들이 말하는 '종차별주의' 문제에 부딪히게 된다. 종차별주의는 자의적인 이유로 하나의 종을 다른 종보다 우위에 둔다. 특정 상황에서 한 종을 다른 종보다 우위에 두려고 한다면 그럴 만한 타당한 이유가 있어야 한다.

사람을 구하고 개를 희생시킬 만한 타당한 이유는 뭘까? 한 가지 표준적인 답은 사람이 개보다 잃을 것이 더 많으니 사람을 구해야 한다는 것이다. 왜 사람이 잃을 것이 더 많으냐고? 사람은 개보다 더 풍부한 경험을 할 수 있는 잠재력이 있기 때문에 잃을 것도 더 많다. 인간의 인지 능력이 개보다 높다는 이유를 들기도 하는데, 내 생각에 인간이 희생될 때 잃을 것에 관해서라면 인지 능력은 정확한 요점이 아니다. 그보다는 인지 능력이 우리에게 허락하는 경험의 풍부함이 요점이다. 앞에서 했던 주장과 종합하면, 인간은 일반적으로 비인간 동물보다 더 풍부한 경험을 할 능력이 있으므로 세상에 행복을 보태는 일에 관한 한 인간과 다른 동물을 비교하면 대체로 인간이 우세하다고 말할 타당한 이유가 있어 보인다.

## 공장식 축산과 동물의 고통

지금까지 우리는 인간과 비인간 동물의 행복을 비교하는 일이 복잡하다는 점에 주목했다. 여기서 중요한 요점은 두 가지다. 하나는 인간의 행복과 다른 동물, 특히 인간 때문에 고통과 수난을 겪는 동물의 행복을 비교할 수 있는 간단명료한 수학 공식이란 존재하지 않는다는 점이다. 다른 하나는 인간은 다른 동물이 도저히 누릴 수 없는 차원의 행복을 누릴 능력이 있다는 점이다. 인간의 행복이 우리가 일으키는 불행을 능가한다는 점을 규명하는 데 혹시 이 두 번째 요점이 도움이 될까?

그렇지 않다.

왜냐하면 우리 대다수가 다른 동물, 특히 공장식 축사에서 사육되는 동물에게 엄청난 고통을 주거나 최소한 거기에 일조하기 때문이다. 삼림 벌채, 플라스틱 쓰레기, 기후위기, 동물실험, 천연자원 확보 경쟁 같은 문제는 잠시 제쳐두더라도, 앞에서 설명했듯이 공장식 축산으로 미국인은 평균적으로 평생 일인당 거의 돼지 22마리, 닭 1560마리, 소 6.5마리에게 고통을 준다.

비록 산술적인 비교는 할 수 없어도, 평균적인 미국인의 존재가 엄청난 고통을 대가로 삼는다는 결론을 피할 수 없다. 이 모든 고통에도 불구하고 인간을 세상에 태어나게 할 만한 가치가 있을까? 장단점을 엄밀하게 비교하기는 불가능할 수 있다. 그러나 확실히 생생하게 와닿는 질문이다. 그리고 그 생생함은 앞으로 더욱 두드러질 것이다.

하지만 태비와 태비의 고양이 친구들, 그리고 공장식으로 사육되는 동물이 누릴 수 있는 그 모든 소소한 행복은 어쩔 것인가? 산술적인 비교까지도 필요 없다. 공장식으로 사육되는 동물이 아무리 약간의 행복을 누려봤자, 그 동물이 겪는 고통에 비할 바가 못 된다는 것을 쉽게 알 수 있다. 그리고 돌봄을 잘 받는 반려동물의 행복을 계산에 더한다고 해도(버려지거나 도망쳐서 다시 야생화된 수많은 동물의 힘겨운 삶은 감산한다), 인간의 존재가 비인간 동물의 세계에 가져다주는 불행, 정확히 말해서 극도의 고통을 많이 줄일 수 있을 것 같지는 않다.

그러나 우리는 전반적인 인간의 소비가 아니라 미국인의 소비가 일으키는 고통을 말하고 있지 않은가? 다시 저 숫자들을 보라. 저건 인간이 도축한 공장식 사육 동물의 수가 아니라, **미국인이** 도축한 공장식 사육 동물의 수다! 그게 정말 공평한가? 인류의 작은 일부가 일으킨 고통으로 인류 전체를 비난하는 것이 공평한가? 전반적인 인간의 소비를 보면 상황이 달라 보이지 않을까? 미국인 중에서도 이를테면 완전 혹은 부분적 채식주의자에게 초점을 두면 상황이 좀 달라 보이지 않을까?

그 말도 일부 맞지만, 대부분은 옳지 않다는 것이 정답이다. 일부 맞다고 하는 이유는 미국인이 고기를 정말 많이 먹기 때문이다. 엄청나게 먹는다. 그 결과 인도나 중국처럼 인구 규모가 큰 다른 나라와 비교했을 때, 미국이 공장식 사육 동물의 소비를 통해 동물에게 주는 고통이 훨씬 크다. 맥도날드, 버거킹, KFC, 웬디스, 칙필레, 잭스비 등이 전부 미국에서 시작된 데는 다 이유가 있고, 무슨 날씨와 상관있거나 한 게 아니다.

그러나 불공평하다는 반박이 대부분 옳지 않은 이유는 이렇다. 국가가 부유해질수록 해당 국민의 육류 소비는 늘어난다. 예를 들어 중국에서 육류 소비는 적어도 1990년대 이후 서서히 상승했다[6](심지어 돼지 사육용 고층 빌딩이 건설되고 있다[7]).

그리고 육류 소비량이 아주 낮은 편인 인도에서도 중산층의 증가와 함께 근래에 고기 소비가 늘어났다. 예를 들어 인도의 닭 소비량은 지난 10년 동안 크게 치솟았다.[8] 현재 세계 인구 80억 명 가운데 중국과 인도를 합친 인구가 거의 30억 명임을 감안할 때, 사람들이 부유해지면 육류 소비도 늘고, 그에 따라 공장식 축산과 연관된 지독한 관례도 확산할 것으로 예상할 수 있다.

오해는 하지 말기 바란다. 중국과 인도 같은 나라가 물질적으로 부유해지는 것이 현지 거주민에게 좋지 않다는 말이 아니다. 살아 있는 사람은 풍요로운 삶을 부여하는 자원에 마땅히 접근할 수 있어야 한다. 사실 우리 가운데 나를 포함한 많은 사람이 경제적 여유가 있으면서도, 적절한 생활 자원이 없는 사람들에게 자원을 제공하려는 노력을 충분히 기울이지 않는다. 지금 살아 있는 그들에게 자원에 대한 접근은 정의의 문제다. 1장에서 내가 집단 자살에 반대하는 주장을 펼쳤듯, 살아 있는 사람은 잘살 수 있는 기회를 누려야 마땅하다.

그보다 우리가 관심을 두는 문제는 다른 사람을 계속 태어나게 하는 것과 관련된다. 일단 사람을 세상에 나오게 했으면 그들에게 적어도 제대로 된 삶의 가능성을 최선을 다해 제공할 의무가 있다. 중국과 인도의 추세에서 알 수 있는 것은 사람들이 부유해질수록 육류 소비량이 많아지고, 그러면 공장식 축산과 관련된 고통도 커진다는 점이다. 이런 추세의 극단을 달리는 미국은 다른 나라들이 향하는 종착지이기도 하다. 다른 나라들이 그쪽으로 향할수록 그 나라들이 불러오는 고통의 양도 증가한다. 그리고 이러한 고통의 양이 증가할수록 인류의 존속을 옹호하기가 점점 더 어려워진다.

# 착한 축사는 어떨까?

그렇다면 육식을 전혀 옹호할 수 없다는 뜻일까? 고기를 먹는다는 사실만으로 인류가 존속할 명분이 줄어들까? 꼭 그렇지는 않다. 예컨대 고기를 대량으로 생산하는 방식에 대안을 제시하는 축사도 있다. 이런 축사에서 나온 고기를 먹는 것도 도덕적으로 복잡한 문제다. 한편으로는, 이런 축사에서 잘 대우받은 동물들은 좋은 삶을 살았고, 고기용으로 사육되지 않았으면 그런 삶을 누리지 못했다고 주장할 수 있다. 그런 경우에 한해 그 동물들은 세상에 존재하는 행복의 총량을 늘린다. 그뿐 아니라 환경이 좋은 축사에서 사는 동물의 삶과 수많은 야생동물의 삶을 비교하면, 전자의 삶이 훨씬 낫다는 것을 알 수 있다. 소, 닭, 돼지 같은 가축과 사슴, 가젤, 비버를 직접 비교할 수는 없다. 하지만 사슴, 가젤, 비버는 의식이 있는 생애의 상당 부분을 잡아먹힐 가능성을 걱정하며 살아가고, 잡아먹힐 때는 대체로 엄청나게 고통스럽다고 꽤 확실하게 말할 수 있다(잠시 후 이 문제를 좀 더 다루겠다). 그와 대조적으로 착한 방식으로 사육되어 잔혹하지 않게 도축되는 소, 돼지, 닭은 자연 속에서 포식자에게 잡아먹히는 대다수 동물이 누리지 못하는 행복을 누릴 것이다.

물론 다른 한편으로는, 일단 동물을 세상에 나오게 했으면 죽이는 것은 공정하지 않다고 볼 수도 있다. 세상에 생명이 태어나게 하는 일에는 책임이 따르며, 최소한 도살하지는 말아야 할 책임이 있다고 말할 수 있다. 따라서 공장식 축산의 대안이 세상에 행복한 생명들을 더 보탤 수 있을지는 몰라도, 고기를 얻기 위해 그 생명들을 도축해도 괜찮을지는 아직 답을 찾지 못한 문제다.

# 인간이
# 인간에게 주는 고통

여기서 우리는 인간이 동물에게 주는 고통과 그럼에도 인류가 존속하는 것이 타당하냐는 물음에 초점을 맞추고 있다. 하지만 인간이 인간에게 주는 고통도 인류 존속의 정당성 문제를 제기하는지 의문을 품을 사람이 일부, 어쩌면 그 이상으로 많이 있을 수 있다. 인간이 같은 인간에게 고통을 주는 경향이 있다는 사실이 인류가 존속하지 말아야 할 이유가 될까?

나는 우리가 서로에게 끼치는 해악을 고려할 때 인류의 존속이 과연 마땅하냐고 묻는 것이 아니다. 1장에서 우리가 어떤 일을 겪어야 마땅한지는 쟁점이 아니라고 했던 것을 기억하자. 그보다 나의 질문은 우리가 서로에게 끼치는 고통 때문에 공리주의적인 면에서 인류 존속의 단점이 더 커지냐는 것이다. 인간이 인간에게 주는 고통 때문에 인간이 겪는 전반적인 불행이 혹시 행복보다 커질까? 그렇다면 인간이 무대에서 퇴장할 이유가 되지 않을까?

앞 장에서 나는 우리 대다수의 삶은 살아갈 만한 가치가 있다는 주장으로 베너타를 반박했다. 우리는 분명 살면서 많은 고통을 감내하고 서로를 많이 힘들게 한다. 그러나 내가 생각하기에 결국 우리 대다수는 태어났다는 사실을 감사히 여긴다. 앞으로도 계속 그럴까?

그렇지 못한 상황을 상상할 수 있다. 가령 기후위기가 너무 극심해져서 인구의 상당 비율이 큰 고통을 겪는다고 생각해 보자. 예컨대 50~60년 후에는 전 세계 인구가 100억 명이 될 가능성이 큰데, 그중 70억 명은 괜찮게 살고, 30억 명은 기후 때문에 몹시 고통스럽게 산다고 가정하자. 이 문제를 공리주의적으로 접근하겠다면 숫자를 매기자. 70억 명은 각각 10만큼 행복하고 나머지 30억 명은 각각 30만큼 불행하다고 치자. 더 나아가, 그 70억 명이 10만큼의 행복을 누리려면 기후 재앙에 일조하는 방식으로 살아야 하고, 나머지 30억 명은 그것 때문에 계속 고통스럽게 살아야 한다고 해보자.

이 경우 전체적으로 고통이 정확히 200억만큼 행복을 초과한다. 그렇다면 공리주의적 계산에 따라 인류 멸종이 최선의 선택일 수도 있다. 좋은 삶을 누리는 사람이 많더라도 전체적으로 보면 불행이 행복을 압도하기 때문이다.

정말로 이런 일이 일어나는 것을 상상할 수 있을까? 어떤 면에서는 그리 어렵지 않다. 우리 중 경제적으로 잘사는 많은 사람이, 그 행운의 비용을 부담하는 사람들의 수고에 무심하다. 배송 직원, 환경미화원, 요식업 종사자, 주택과 도로를 건설하고 유지하는 사람들처럼 저임금과 힘든 노동 조건으로 우리의 비용을 낮춰주고 우리의 삶을 수월하게 해주는 사람들에게 무관심하다. 물론 이들도 대부분 살 가치가 있는 삶을 산다. 그러나 그들이 앞으로 더 좋지 않은 처지에 놓일 것으로 상상할 수 있다. 예컨대 탄소배출은 비인간 동물에게 재앙을 일으킬 뿐 아니라, 가난하고 어려운 사람들에게도 영향을 미친다. 극도로 뜨거운 야외나 부엌에서 일하는 노동자, 식수나 저렴한 식료품에 접근할 수 없는 빈민, 홍수에 정기적으로 침수되는 저지대 가옥들을 생각하면, 전반적으로 행복보다 고통이 더 큰 미래를 상상하는 일은 그리 억지스럽지 않다. 이때 달라지는 점은 70억 명이 행복하고 30억 명이 불행한 것이 아니라, 그 숫자가 역전되어 70억 명은 불행하고 30억 명만 행복하거나, 아니면 그보다도 더 나빠질 수 있다.

그렇다면 사람들이 왜 이 상황을 방치했는지, 그리고 그런 방치가 인류 멸종을 찬성하는 추가적 근거가 될지 질문할 수 있다. 이것을 우리가 무슨 일을 당해 마땅한지에 관한 문제로 질문할 수 있다면, 그 질문은 앞으로 행복한 소수가 될 30억 명(또는 그 미만)에게 던져질 것이다. 아니면, 좀 더 폭넓게 물어볼 수도 있다. 만일 타인의 고통을 바탕으로 우리가 안락함을 누린다는 사실을 알았거나 적어도 느낀다면, 우리 중 행복한 30억 명에 속하고도 마음 편할 사람이 있을까?

이 질문은 인간의 천성에 관한 더 큰 추측으로 이어진다. 인간이(일부? 다수?) 그렇게 무신경할 수 있는 이유는 타고난 것인가, 아니면 특정한 문화나 역사의 산물인가? 어떤 사람들은 인간의 성격은 대체로 주변 환경에 의해 형성되며, 우리가 타인의 불행을 기반으로 살아가는 30억 명에 합류하는 것은 사회, 정치, 문화가 그렇게 하도록 부추기기 때문이라고 주장할 것이다. 또 다른 사람들은 인간에게는 선천적으로 추한 면이 있어서 타자로 규정되는 사람들을 배제하는 성향이 있고, 심지어 그들에게 잔인하게 굴 수 있다고 여길 것이다. 이것은 여기서 결론 내릴 수 없는 더 큼직한 논쟁이다. 그러나 이러한 논쟁은 우리가 누구냐는 심오한 문제, 즉 인류 역사상 수천 년에 걸쳐 철학자들과 우리 모두를 괴롭혀온 문제를 건드린다.

## 삼림 벌채와 야생동물

지금까지 우리는 인류가 세상에 고통을 야기하는 아주 중요한 방식 하나를 중점적으로 살폈다. 동물을 공장식으로 사육해 소비하는 행위는 어마어마한 수준의 고통을 불러오기 때문에, 우리가 아무리 자기변호를 해봤자 과연 인류의 존속에 타당한 이유를 부여할 수 있을지 불확실할 정도다. 더구나 우리는 공장식 축산으로만 다른 동물에게 고통을 주지 않는다. 삼림 벌채라는 또 다른 문제를 잠시 살펴보자.

인류는 농지와 방목지를 늘리기 위해 지구의 삼림 지대를 대거 훼손했다.[9] 게다가 인구 증가와 정부 정책에 의해 삼림 벌채는 점점 더 빠르게 진행 중이다. 내가 어렸을 때는 세계 인구가 약 35억 명이었다. 지금은 80억 명이다. 이 80억 명을 먹여 살리려면 농지와 방목지가 늘어나야 한다. 이러한 영향으로 야생동물이 살 수 있는 숲이나 그 밖의 땅이 줄어든다. 인구가 어느 시점이 되면 더 이상 늘지 않고 일정 수준을 유지할 것이라는 예측은 있지만, 방금 전에 본 대로 육식 추세와 그와 관련된 관행들은 삼림 벌채가 앞으로도 계속될 것임을 시사한다.

그와 더불어 정부의 정책 결정도 광대한 지역에 걸쳐 삼림 벌채를 허용했다. 예를 들면 브라질에서는 자이르 보우소나루 정권이 아마존 열대우림을 기록적인 수준으로 훼손했다.[10] 정치적인 관점에서 보면, 아직 태어나지 않은 미래 세대나 심지어 이미 태어난 아동의 미래를 위해 계획을 세우기보다는 현존하는 성인, 특히 성인 유권자가 사용할 자원을 마련하기 위해 근시안적인 삼림 벌채 정책을 펼치는 편이 훨씬 인기를 끈다. 따라서 인구 증가와 정책 결정이 결합해 대규모 삼림 파괴로 이어졌다.

이 부분에서 누군가는 공리주의를 논의에 끌어들이려고 할 수도 있다. 그들은 삼림 벌채가 현존하는 동물보다는 미래의 동물에게 더 크게 문제 된다고 주장할지 모른다. 숲에 사는 동물이 번성할 만한 공간이 줄어들면, 앞으로 태어날 동물의 수가 감소할 것이기 때문이다. 그러나 행복의 양이라는 측면에서 삼림 벌채는 문제 되지 않을 수도 있다. 비인간 동물의 출산이 감소해도 그 덕에 인간의 출산이 증가한다고 가정하면, 그리고 인간이 다른 동물보다 높은 수준의 행복을 누릴 수 있다는 생각을 고수한다면, 삼림 벌채에 의해 사실상 전체적인 행복은 오히려 늘어날 수도 있지 않을까?

상황을 이런 식으로 바라보는 시각에는 세 가지 문제점이 있다. 첫째, 삼림 벌채는 **분명히** 현존하는 동물에게도 해로운 영향을 준다. 삼림 벌채는 훼손되는 숲에서 지금 살고 있는 동물의 먹이와 이동 공간을 제한한다. 게다가 인지 능력과 감성 능력이 높은 동물은 자기들의 서식지가 파괴되는 상황을 명확하게 의식하고, 그로 인해 공포와 불안을 느낀다. 예컨대 코끼리의 경우, 서식지가 축소되면 분노해 종종 사람을 공격하거나 인간이 만든 구조물을 밟아 뭉갠다는 것은 이미 알려진 사실이다.[11] 다른 영리한 동물이 거대하고 요란한 기계와 인간의 시끄러운 고함에 자기들의 생활공간이 위협받는 모습을 보고도 인지하지 못하거나 거기에 영향받지 않는다고 생각할 근거는 없다.

숲을 잃어 덜 행복해진 동물들을 더 행복한 인간들로 교체하면 된다는 발상에 담긴 두 번째 문제점은 삼림 벌채가 기후위기에 일조하고, 기후위기가 다시 현존하는 동물의 삶에 영향을 미친다는 데 있다. 빙하 감소로 먹이를 잡지 못해 배를 곯는 북극곰의 이미지를 본 사람이 많을 것이다. 고통받는 것은 북극곰만이 아니다. 빙하 감소는 바다코끼리에게도 치명적인 영향을 주었다.《뉴요커》의 후원으로 최근에 제작된 다큐멘터리 영화 〈하울아웃Haulout〉[12]은 빙하가 없어져서 쉴 곳을 잃은 바다코끼리들이 육지로 몰려왔다가 상처 입고 떼 지어 죽는 현장을 기록하는 한 연구자의 작업을 따라간다.

마지막 문제점은, 그런 교체가 전반적인 행복의 증대로 이어질지 전적으로 불확실하다는 점이다. 인간 삶의 풍부함을 옹호했던 내 주장을 인정할 경우, 인간과 동물을 일대일로 대체했을 때 행복의 순증가가 충분히 일어날 수 있다. 하지만 삼림 벌채가 그런 일대일 대체로 이어질 가능성은 작다. 삼림, 특히 열대우림은 수많은 다양한 동물의 서식지다. 그 복합적인 생태계는 폭넓고 다양한 종들에게 보금자리를 제공하며, 그중에는 인간처럼 대단히 풍부한 삶을 누릴 수 있는 (대형 유인원과 그 밖의 영장류 같은) 인간과 가까운 종들도 포함된다. 그러면 삼림 벌채를 통해 다른 동물을 인간으로 대체할 때는 일대일 대체가 아니라 인간 한 명이 여러 동물이나 심지어 수많은 동물을 대체할 가능성이 크다. 그러므로 삼림 벌채로 다른 동물을 희생시켜 인간을 늘리면 전체적으로 행복이 증가한다는 주장은 잘해야 불확실하고, 아마 틀릴 가능성이 높다.

따라서 삼림 벌채가 더 큰 행복을 가져온다는 공리주의

적 주장은 설득력이 없다. 삼림 벌채가 인간에게 가져올 행복이 삼림 벌채가 불러올 고통보다 클 가능성은 미미하다.

그러나 이 문제를 다르게 생각해볼 방법은 없을까? 인간의 행복과 동물의 고통을 비교하는 대신, 우리 인간이 삼림 벌채에 뒤따르는 해악을 방지하기 위해 행동할 수 있다면? 어쩌면 우리에게 필요한 것은 환경 관리environmental stewardship, 다시 말해 이미 벌채된 지역과 그 안에 서식하는 동물을 잘 돌보는 일이 아닐까?[13] 결국 자연은 동물이 끊임없이 먹이를 찾고 목숨을 보전하기 위해 공포에 떠는 살육장이라고 할 수 있다. 그와는 달리 잘 관리된 땅, 그러니까 포식자가 없고 먹이가 충분히 제공되는 땅에서는 동물이 자연 세계에서는 할 수 없는 방식으로 번성할 수 있을 것이다.

벌채된 땅을 관리하지 않는 것보다는 관리하는 편이 나은 것은 틀림없다. 그러나 자연에 대한 인간의 일반적인 태도로 미루어 과연 우리 인간이 환경 관리를 잘할 수 있을지 신뢰할 수 없다. 하지만 그런 의심은 일단 제쳐 두고라도, 삼림 벌채를 환경 관리로 대체하는 일의 문제점은 제한된 종류의 동물, 특히 길들일 수 있는 동물에게만 효과를 발휘한다는 데 있다. 이를테면 영장류는 잘 관리된 땅이 아니라 숲이 필요하다. 아프리카 삼림에 서식하는 코끼리와 다른 수많은 동물도 마찬가지다. 이 종들은 숲 서식지에서 살도록 진화해왔고, 숲 자체도 다른 생태계와 마찬가지로 활발하게 진화하므로 다른 종이나 아종도 서식지 변화에 맞추어 번성할 수 있도록 진화한다. 그리고 자연이 살육장이라는 생각도 부분적으로만 옳다. 잡아먹히는 두려움도 있지만, 그와 더불어 기쁨(새끼들이 장난치며 놀 때), 애정(앞으로 살펴볼 것이다), 그리고 만족의 순간도 존재하는 것으로 보이기 때문이다.

## 인간보다 자연이 동물에게 더 잔혹하지 않은가?

자연은 과연 얼마나 살육장 같을까? 최근에 몇몇 철학자가 자연을 가리켜 '부분적으로'가 아니라 실은 '상당히 대단한' 살육장이라는 주장을 펼쳤다. 이러한 주장은 인류의 존속이라는 이슈에 껄끄러운 문제를 제기한다. 예를 들어 상당수 동물에게 야생에서의 삶이 정말로 힘들어 공장식 축산을 감안하더라도 인간 곁에서 사는 삶보다 오히려 **더 나쁘다**고 가정해보자. 만일 정말 그렇다면, 인류가 계속 존재해야 할 뿐 아니라 야생 지역을 가급적 최대한 없애야 한다. 공장식 축산은 좋지 않지만, 적어도 야생에서 사는 것보다는 낫기 때문이다.

철학자 카일 조핸슨Kyle Johannsen과 카티아 파리아Catia Faria는 각각 최근에 펴낸 저서 《야생동물의 윤리Wild Animal Ethics》와 《야생에서의 동물 윤리Animal Ethics in the Wild》에서 수많은 동물이, 심지어 감각 능력을 갖춘 여러 동물마저, 짧고 고통스러운 생애를 보낸다고 지적한다.[14] 두 저자는 성장한 동물과 새끼들이 잡아먹히거나 질병, 부상, 먹이 부족 등의 위험에 처하는 어려움을 자세히 설명하는 한편, 동물의 번식 전략을 이른바 K-전략과 r-전략으로 구분한다.

K-전략은 적은 수의 새끼를 낳되 하나하나 잘 보살피는 것이다. 인간도 대개 그렇게 한다(언제나 예외가 있지만 흔히 비난의 대상이 된다). 반대로 r-전략은 되도록 많은 새끼를 낳는 것이며, 그중 소수만 살아남을 가능성이 높다. 살아남지 못하는 동물은 짧고 힘들게 살다가 굶어 죽거나 잡아먹힌다. 조핸슨은 감각 능력을 갖춘 동물 대다수는 완전히 성장할 때까지 살아남을 경우 살 만한 가치 있는 삶을 누린다고 본다. 그러나 조핸슨과 파리아 두 사람 다 r-전략으로 태어나는 수많은 새끼들이 살아남지 못하는 점을 고려하면, 전체적으로 야생에서 사는 고통이 야생에서 사는 삶의 가치보다 크다고 주장한다. 그렇기 때문에 이들은 인간이 동물을 대표해 자연에 개입해야 한

다고 여긴다. 극도로 강화된 환경 관리를 상상하면 된다.

이것이 인류 멸종의 장단점 판단과 관련해 무엇을 뜻할까? 여기에는 두어 가지 가능성이 있을 수 있다. 하나는 인간이 야생동물의 삶에 개입해 공장식 축산, 삼림 벌채, 동물실험 등으로 동물에게 끼치는 고통을 상쇄할 만큼 상황을 개선할 수 있다는 뜻일 수 있다. 두 번째 가능성은 좀 더 이상한데, 야생의 삶이 정말 최악이어서 가급적 자연 서식지를 제한하거나 심지어 제거하기 위해 우리가 할 수 있는 일을 해야만 한다는 뜻일 수 있다.

이 모든 것이 일단은 터무니없는 소리로 들리고, 우리가 야생과 환경을 생각할 때 자연스럽게 드는 느낌과 상당히 어긋난다. 그러나 이 견해는 인간의 손에 고통받는 동물보다 자연 속에서 고통받는 동물의 수가 훨씬 많으므로 전체적으로 봤을 때 인간이 불러오는 고통은 자연 속에서 받는 고통에 비하면 미미하다는 추측에 근거해 옹호되고 있다.[15]

그런 주장을 어떻게 보면 좋을까? 몇 가지 답변을 제시하겠다.

첫째, 동물이 자기 삶을 어떻게 느끼는지 이해하기란 쉽지 않다. 인간이라면 물어보면 되지만(베너타에 대한 우리의 반응이기도 했다) 동물에게는 물어볼 수 없다. 동물이 죽음 앞에서 살기 위해 몸부림치는 것은 그들의 삶이 좋은 삶이기 때문이라고 단순하게 가정할 수 없다. 일반적으로 끔찍한 삶을 사는 공장식 사육 동물도 죽음 앞에서는 여전히 살기 위해 몸부림치기 때문이다. 짧게 살다가 잡아먹히거나 굶어 죽는 야생동물도 죽는 그 순간까지 살 만한 가치 있는 삶을 살지 모른다. 오로지 어떤 죽음을 맞느냐를 기준으로 그 생명체의 삶의 가치를 계산할 수는 없다. 그렇지 않으면 우리 중에서 좋은 삶을 살 사람은 극소수일 것이다. 심지어 어린 나이에 죽는 아이도, 비록 슬프지만 살 만한 가치 있는 삶을 살 수 있다. 그리고 더 복잡한 문제는 r-전략 번식에서 수많은 패자가 겪는 고통의 전체적인 가치를 승자와 비교해 어떻게 계산하느냐는 것이다. 따라서 우리는 불확정적이고 짐작에 근거한 증거를 바탕으로 동물종이나 서식지를 통째로 없애려는 제안을 경계해야 한다.

둘째, 저자들도 이 문제와 관련해 강조하듯이, 야생에 개입하는 일 자체에 불확실성이 깔려 있다.[16] 다른 동물에게 무엇이 도움이 되고, 무엇이 예기치 못한 참담한 결과를 불러올지 판단하기란 매우 어렵다. 여기서도 사전예방 원칙에 따라야 한다. 우리는 최대한 신중하게 개입해야 한다. 하지만 또 그렇게 조심하면 할수록, 인간이 다른 방식으로 동물에게 주는 고통이 상쇄될 가능성은 낮아진다.

셋째, 자연 서식지를 제한하거나 없애자는 사람들에게 이렇게 물어볼 수 있다. 인간이 K-전략이 아니라 r-전략으로 번식해야 한다고 생각해보자. 그렇다면 인간종이 계속 존재할 경우 너무나 많은 고통이 뒤따르니까 인류가 멸종하게 놔두어야 한다고 주장하겠는가? (여기서 소셜 미디어가 r-전략을 상징한다는 생각이 들지 않을 수 없다.) 내가 볼 때는 그렇게 주장할 사람이 많을 것 같지 않다.

넷째, 여기에는 의무론적인 우려가 존재한다. 처음 두 답변에서는 동물이 야생 상태에서 겪는 고통의 수준과 인간이 동물에게 유발한 고통을 대조해 고려했다. 두 가지 고통은 도덕적으로도 차이가 있다. 인간은 자기가 하는 행동과 그 행동의 도덕적 비용을 대체로 인식한다. 대부분 자진해서 인정하지는 않아도 공장식 축산, 삼림 벌채 등이 도덕적으로 의심스러운 행위임을 인식할 수 있다. 비인간 동물 포식자는 그런 인식을 하지 못한다. 먹잇감을 죽이는 행동이 도덕적으로 괜찮은지 자문하지 못한다. 그러므로 포식자에게 도덕적인 책임을 물을 수 없다. 그런 점에서 우리는 동물이 야생에서 겪는 고통과 우리 손에 겪는 고통의 상대적 크기와 관계없이, 우리가 불러온 고통에 대해 다른 포식자 동물과 다르게 (최소한 어느 정도는) 도덕적 책임을 진다.

끝으로, 야생동물의 삶을 개선하기 위해 인간의 대규모 개입을 기대하는 일이 얼마나 현실성 있느냐는 문제가 있다. 내가 보기에는 우리가 얼마나 많은 노력을 기울일지 상당히 의심스럽다. 우리와 함께 살아가는 생명체의 고통을 인식하는 일과 관련해 최근 들어 중요한 진전이 있었고, 우리 손으로 일으키는 고통을 완화하기 위해 매우 임시적이나마 일정한 조치가 이루어진 것도 분명한 사실이다. 그럼에도 앞에서 보았듯이 우리가 비인간 동물에게 유발하는 전체적인 고통은 줄지 않고 오히려 늘어났다. 게다가 인간의 삶에 깊이 영향을 미치는 기후 위기에도 제대로 대처하지 못하는 우리의 모습으로 미루어, 우리가 포식자의 다양한 먹잇감, 특히 작은 동물의 고통을 완화하는 일에 큰 노력을 기울일 것 같지는 않다.

그럼 이제 어떻게 해야 하는가? 우리는 늘어나는 공장식 축산 때문에 동물이 엄청난 고통을 겪는 실태를 봤다. 중국, 인도 등지에서 육류 소비가 증가하면서 인류 전체가 다른 동물에게 끼치는 고통이 심각하게 확대되고 있다. 또한 삼림 벌채의 증가로 야생동물이 살아가기 어려워지고 있다. 게다가 이런 식으로 공장식 축산과 삼림 벌채가 계속된다면, 다른 동물이 야생에서 고통받기 때문에 우리가 환경 관리자로서 정당하게 존속해도 된다고 여길 만한 근거도 희박해진다.

이제 끝인가? 제발 인류 존속의 단점에 그 이상 보탤 내용이 없다고 하자.

그런데 미안하다. 더 있다.

# 인간이
# 누리는 체험에
# 뒤따르는 비용

지금까지 우리는 인류가 계속 존재할 경우, 공장식 축산과 삼림 벌채로 생겨날 고통을 중점적으로 살폈다. 그 외에도 인류는 화학물질 유출에 의한 바다 오염, 플라스틱 쓰레기, 동물실험, 그리고 기후위기를 유발하는 기타 관행 등을 통해서도 비인간 동물에게 고통을 준다. 하지만 이미 보았듯이 비교를 위한 단일한 척도가 없기 때문에 다른 동물을 불행하게 만드는 인간의 관행을 장황하게 열거하기보다는, 인류의 추가적인 증식이 과연 불행보다 행복을 더 많이 불러올지는 잘해야 불확실하다는 결론으로 일단락 지을(이게 맞는 표현이라면) 수도 있다.

    이 문제를 해결하거나 완화할 방법이 있을지는 이 장 뒷부분에서 다시 간단히 살피고 다음 장에서도 좀 더 충분히 다룬다. 하지만 지금은 앞 장에서 보았던 인류 존속을 옹호하는 두 번째 논거, 즉 인간이라는 존재는 다른 종이 맺지 못하는 중요한 관계를 세상과 맺을 수 있다는 개념을 떠올리자. 알고 보면 이 논거는 생각보다 도덕적으로 복잡하다.

앞에서 본 대로 인간은 아름다움과 진리를 체험할 능력, 그리고 좋은 삶의 가능성을 숙고하고 도모할 능력이 있다. 다른 동물은 그럴 능력이 없다. 세라 버스처럼 예술과 과학적 진리에 독자적인 가치가 있다고 보든, 낸디 튜니슨처럼 그것들은 인간과의 관계 속에서만 가치가 있다고 보든, 우리 대부분은 그런 체험을 소중하게 생각한다. 이러한 체험들이 사라진 세상은 황폐해질 텐데, 그 이유는 단지 행복이 감소해서가 아니다. 체험이 일어날 수 없다는 사실 자체가 세상을 황폐하게 만들 것이다. 체험이 선사하던 선율이 사라진 세상에는 여기저기 적막한 지대가 생겨날 것이다.

체험의 가치를 우리가 다른 동물에게 일으키는 고통, 수난과 어떻게 비교해야 할까?

일단 직접 비교는 사실상 불가능하다. 이미 보았듯이 우리가 세상에 보태는 행복과 불행의 크기를 측정하기에 적합한 척도가 없다. 그러면 아름다움, 진리, 좋은 삶을 체험하는 가치와 우리의 존속이 가져오는 불행을 대체 어디서부터 어떻게 비교하면 좋을까?

다른 방식으로 비교하는 간접적인 접근법은 있다. 우선, 너무 비현실적이지 않은 가상의 시나리오를 하나 그려보자. 예를 들어 루브르나 메트로폴리탄 미술관에서 전시 중에 화재가 발생했다고 해보자. 그리고 시간이 촉박해서 미술품을 구하거나 관람객들을 구하거나 둘 중 하나만 가능하고, 둘 다 구할 수는 없다고 치자. 당신은 무엇을 구하겠는가? 당연히 사람이다. 전시된 작품을 영원히 잃는다고 해도, 그래서 앞으로 그것을 즐기는 체험을 영영 할 수 없다고 해도, 그런 이유로 미술품을 구해야 한다는 주장은 상당히 터무니없다. 사람을 구하는 것이 옳다.

그러면 이번에는 화재가 발생한 미술관에 사람이 아니라 가축이나 야생동물이 있었다고 상상해보자. 현실성은 없으나 상상은 어렵지 않다. 이 경우 당신은 미술품을 구할 텐가, 아니면 동물을 구할 텐가? 내 생각에는 동물을 구할 사람이 많을 것이다. 우리의 생각은 아마 다음과 같은 식으로 이어질 것이다. '동물은 우리가 구해주지 않으면 끔찍한 고통 속에 죽게 될 살아 있는 생명체다. 그와는 달리 미술품은 불에 타도 고통을 느끼지 않는다. 아무도 다시는 그 작품을 체험할 수 없겠지만, 그 사실이 동물의 고통보다 중요하지는 않다. 예술이 독자적 가치를 지닌다는 버스의 생각에 우리가 동의한다고 해도, 그것을 근거 삼아 예술을 위해 동물을 희생시킬 수 있다고 말하지 않을 것이다. 우리는 동물을 구하고 미술품을 포기해야 한다.'

일러두자면, 이 예시는 해당 쟁점을 의무론적으로 접근했다. 의무론은 결과가 아니라 수단에 관심을 두고, 행위자의 의도나 권리 의무에 초점을 맞춘다는 것을 기억하자. 위의 경우는 권리 의무에 관한 사례로 보면 가장 알맞다. 사실 우리가 동물을 구한다고 해서 미술품을 구할 때보다 세상에 행복이 더 늘어나지는 않는다. 그렇지 않을 수도 있다. 오히려 인류가 미술품을 감상하는 체험을 통해 즐기는 행복이 죽어가는 동물의 불행보다, 그리고 동물이 계속 살았으면 누렸을 미래의 행복보다 클 수도 있다. 그러나 동물도 일정한 권리가 있고, 우리가 동물에게 지는 일정한 기본적 의무가 있기 때문에 미술품을 구하고 동물을 죽게 놔둔다면 그 권리를 침해하는 셈이다. 인간이 회화나 조각을 보며 계속 미학적 즐거움을 누릴 수 있어야 한다는 생각이 동물들이 죽어 마땅한 이유는 될 수 없다.

  이러한 접근이 옳다면, 최소한 **일부** 동물이 겪는 고통은 **일부** 예술 체험보다 중요하다. **모든** 예술 체험이 동물에게 가하는 고통에 타당성을 부여한다고 말할 수 없다.

  그러나 이 사례에서 미술품보다 동물을 구하는 편이 나은 유일한 이유는, 감상할 수 있는 다른 작품이 더 존재하기 때문이라고 반응하는 사람도 있을 수 있다. 예를 들어 어떤 특정한 그림, 특히 명작이 상실되면 슬픈 일이다. 회화에 대한 시각에 달렸지만, 만일 가축 몇 마리를 살리기 위해 반 고흐의 〈별이 빛나는 밤〉이나 렘브란트의 자화상을 불타게 놔두어야 한다면 그야말로 진정한 희생이라고 할 만하다. 그래도 아마 우리는 그 희생을 감수할 것이다. 왜냐하면 아직 다른 작품이 남아 있기 때문이다. 심지어 반 고흐의 전 작품이 불길에 희생되어야 하는 경우에도, 회화의 전 역사에 걸쳐 즐길 만한 작품이 여전히 많이 남아 있다. 그러나 혹시 대화재가 일어나 모든 회화가 통째로 사라지게 된다면 어떻게 해야 하는가? 닭, 소, 돼지 몇 마리 살리겠다고 정말로 그런 일을 용인할 준비가 되어 있는가?

흥미롭게도 이 사례는 문학에서도 유명하다. 단, 동물 대신 인간이 등장한다. 도스토옙스키의 《카라마조프가의 형제들》에서 이반은 신이 창조한 세계를 있는 그대로 받아들이는 신앙심 깊은 동생 알료샤에게 논쟁을 건다.[17] 그는 완벽한 세계를 얻는 대가로 죄 없는 아이가 고통받아야 한다면 거기에 동의할 의사가 있는지 알료샤에게 묻는다. 사례를 생생하게 구체화하기 위해 이반은 딸을 무자비하게 채찍질하는 부모, 개 한 마리를 다치게 했다고 홧김에 개들에게 자기 아이를 물어뜯게 하는 장군, 자식을 옥외 변소에서 자게 하는 부모 등을 고통의 예로 제시한다. 이반이 보기에 이런 고통은 신이 창조한 세계가 정의로운 세계일 가능성을 일체 차단한다. 고통의 대가로 아무리 완벽한 세상을 상상할 수 있어도 달라지는 점은 없다.

우리는 이반의 사례를 좀 더 복잡하게 만들어볼 수 있다. 그 사례를 현실 세계의 맥락으로 옮겨와서, 이를테면 세계 각지의 아이들이 일상적으로 겪는 온갖 끔찍한 일을 막아낼 수 있다면 죄 없는 아이 한 명을 희생시켜도 될지 묻는 것이다. 전체적인 고통이 일정한 수위에 도달한 경우에는, 죄 없는 아이가 고통받지 않을 권리보다 한 아이의 희생으로 막을 수 있는 엄청난 고통이 더 중요하다고 말할 수 있을지도 모른다. 이것은 의무론자들 사이에서도 드물지 않은 견해여서, 극단적인 상황에서는 권리가 덜 중요할 수 있다는 점에 대부분 동의한다.

그러나 이반이 말하려는 요점은 죄 없는 아이의 고통과 전체적인 고통의 비교가 아니라 완벽함을 얻기 위해 치러야 하는 대가다. 다시 말해서, 죄 없는 아이의 고통과 모든 것이 다 근사한 세상 사이에서 어떻게 균형을 잡느냐는 것이다. 우리가 지금 상상하는 시나리오에서는 회화의 전 역사나 셰익스피어의 작품, 또는 약간 동떨어진 분야지만 야구나 축구의 세계를 선택할지, 아니면 죄 없는 아이를 선택할지 결정해야 한다. 그 중 하나를 보존하기 위해 죄 없는 아이를 몇 명이나 고통받게 할 의사가 있는가?

내 견해로는 그 숫자는 0이어야 한다. 나는 그중 어느 것을 보존하겠다고 죄 없는 아이를 한 명이라도 크게 고통받게 하는 일을 상상할 수 없다. 나만 이렇게 생각하지는 않을 것이다. 그리고 이렇게 쓰는 것이 위선적임을 인정한다. 나는 레스토랑에서 저녁을 먹거나 박물관에 가거나 운동 경기를 보러 간다. 거기에 쏠 돈을 기부하면 죄 없는 아이의 고통을 덜어줄 수 있는데도 말이다. 아이의 고통이 먼 거리에 있기 때문에 그런 위선이 가능하다. 만약 죄 없는 아이가 내 눈앞에 있고 아이의 고통과 내가 먹을 밥 중에 선택해야 한다면, 우리 대부분이 그렇겠지만 나는 끼니를 거르겠다. 마찬가지로 셰익스피어 작품을 구할지, 죄 없는 아이를 고통받게 할지, 둘 중 하나를 고르라고 내게 선택지를 내민다면 나는 셰익스피어 작품이 사라지는 편을 택하겠다. 이 역시 나 혼자만의 생각은 아닐 것이다.

　이 사례는 동물의 고통과 버스와 튜니슨이 말한 인류에게 가치를 부여하는 체험을 비교하는 일과 관련해 무엇을 시사할까?

　당신이 내 직감을 공유한다면, 죄 없는 존재의 고통 앞에서는 아름다움, 진리, 좋은 삶을 체험하지 못해도 좋다는 생각이 들 것이다. 이 문제를 좀 더 깊이 파고들기 위해서는 단 한 명의 죄 없는 아이를 고통받지 않게 하기 위해 그런 체험 **전부**를 정당하게 희생시킬 수 있을지 질문해볼 수 있다. 이것은 어려운 문제다. 모든 사람이 동의하지는 않겠지만, 나라면 아이를 살리는 쪽을 택할 것 같다. (이 대목에서 어떤 사람은 예술 체험이 우리를 더 인간적으로 만들기 때문에 예술을 구해야 앞으로 죄 없는 아이들이 더 많이 구조된다고 말할지 모른다. 그럴 수도 있다.) 그래도 최소한 우리는 그런 체험을 많이 포기하더라도 죄 없는 아이의 고통을 막기 위한 대가로서 값어치 있다고 인정할 수 있다. 달리 표현하면 아름다움, 진리, 좋은 삶의 체험이 사라지는 것은 비극이지만, 그 희생으로 고통을 방지하는 일이 더 중요할 수 있다.

물론 이 사례는 같은 인간, 정확히 말해 한 아이의 고통에 관한 것이다. 하지만 여기서 우리가 다루는 더 큰 질문은 죄 없는 인간 아이의 고통이 아니라 비인간 동물의 고통에 관한 것이다. 고통받는 대상이 아이가 아니라 비인간 동물이라도 우리는 똑같은 직감이 들까?

아이 한 명을 동물 한 마리로 대체할 경우에는 아마 그렇지 않을 것이다. 셰익스피어의 전 작품을 구하기 위해 소나 돼지 한 마리를 고통받게 할 의사가 있는지 내게 묻는다면 아마 그러자고 할 것이다. 미술관 사례와 마찬가지로 나는 동물을 구하기 위해 《햄릿》이나 《로미오와 줄리엣》을 포기할 수는 있지만, 셰익스피어의 전 작품을 포기하라는 것은 상당히 큰 요구다. (솔직히 《리어왕》을 포기할 수 있는지 묻는다면 좀 더 주저하겠지만 그래도 결국은 그 동물을 구하는 데 찬성할 것 같다.)

그러나 사람과 동물을 그렇게 일대일로 대체해서 묻는 것은 잘못된 접근법으로 보인다. 앞에서 본 대로 미국인 한 명의 생명은 거의 돼지 20마리 이상, 닭 1500마리 이상, 소 6마리 이상을 합친 것에 견줄 수 있다. 수많은 고통을 예술이나 스포츠 체험에다 비교하는 셈이다. 그래도 진리, 아름다움, 좋은 삶처럼 인간만이 할 수 있는 체험을 지구상에 계속 남기기 위해서라면 동물이 고통받아도 된다고 주장하는 사람이 여전히 있을 수 있다. 적어도 논쟁의 여지는 있어 보인다.

하지만 그게 다가 아니다. 우리가 그런 체험으로 인류가 존속하는 것을 옹호하려면, 체험을 인간 한 명이 동물에게 불러올 고통의 양에만 견주면 안 되고, 우리가 계속 이런 식으로 살아갈 경우 앞으로 태어날 모든 인간이 동물에게 끼칠 고통의 양에 견주어야 한다. 물론 앞으로 얼마나 많은 인간이 태어날지, 미래에 인간의 식습관이 어떻게 변할지는 아무도 모른다. 다만 우리가 아는 사실로 미루어, 앞으로도 다른 동물에게 엄청난 고통을 끼칠 가능성이 높다는 것을 알 수 있다. 미국에서 연간 몇 마리의 돼지, 소, 닭이 도축되는지 앞에서 보았다. 한 나라에서 한 해에 공장식 축산으로 도축되는 숫자만 따진 것이다. 인간이 동물에게 안기는 고통은 천문학적인 수준이다. **바로 그 점**을 양팔 저울 반대쪽에 올려놓고 예술, 과학, 스포츠 등의 체험이 지니는 가치와 비교해 인류가 멸종해야 할지를 판별해야 한다.

동물을 희생시키는 일을 망설이지 않는 사람도 있을 수 있고, 앞서 말했듯 인간만이 할 수 있는 체험이 사라진다면 이 세상에는 진정 비극일 것이다. 인류가 멸종해서 음악, 회화, 스포츠를 창조하거나 경험할 사람, 또는 과학적 진리를 발견할 사람이 없어지면, 지구는 삭막해질 것이다. 게다가 나는 특정 수위의 고통을 막기 위해 그런 체험을 희생할 가치가 있다고 남을 설득할 만한 논거가 없다. 그 고통이 그 정도로 중요한지 어떻게든 판단할 수 있을 만한 공통의 척도가 없기 때문이다. 이 문제를 이렇게 표현해볼 수도 있다. '다른 동물에게 커다란 고통을 안기지 말아야 할 의무보다, 세상에 특정한 체험이 존재해서 좋다는 점이 더 중요한가? 우리가 이 문제에 어떤 결론을 내리든 진리, 아름다움, 좋은 삶과 관련된 체험이 존속하려면 앞으로도 막대한 양의 고통이 생성될 것이다.'

## 하지만 사랑은 사라지지 않는다

앞 장에서 제기했던 조금 다른 종류의 체험, 즉 사랑에 대한 검토를 지금까지 미뤘다. 앞에서 우리는 예술, 과학, 스포츠 체험처럼 가치 있는 관계적 체험이라는 맥락에서 사랑을 언급했다. 다시 말해, 가치 있는 것은 단순히 개인의 주관적 체험이 아니라, 사람들이 그 각각의 체험에 관여하는 방식이다. 세상과 관계 맺으면서 세상에 가치를 보탤 방법, 즉 개인의 주관적 체험을 포함하되 그것을 넘어서는 방법이 존재하며, 그 방법들이 사라지면 비극일 것이다. 사랑도 분명히 여기에 해당한다. 인류 멸종으로 세상에서 사랑이 사라지면, 진정한 손실일 것이다.

그러나 사랑이 세상에 기여한다고 볼 경우, 반드시 이렇게 물어야 한다. 다른 동물은 사랑할 능력이 있을까? 만일 그럴 능력이 있다면, 인간이 사라져도 이 세상에서 사랑이 사라진다는 뜻이 아니라는 것을 인정해야 하지 않을까?

아니나 다를까 철학에서 사랑에 관한 논의는 분분하고, 복잡하고, 흔히 의견이 엇갈린다. (철학에서는 거의 **모든 것**에서 의견이 엇갈린다. 그러므로 철학자들이 사랑을 논하기 시작하면 어떻게 될지 상상이 갈 것이다.) 사랑 문제를 자세히 다루는 일은 이 책에서 달성하고자 하는 목적의 범위를 한참 벗어난다. 이 문제를 최소한 대강이나마 이해하려면, 일단 감정으로서의 사랑과 사람 간의 유대 관계로서의 사랑을 구분해볼 수 있다. 사랑이 하나의 감정이나 개인적 경험이라는 생각에 중점을 두면, 사랑의 본질에 관한 여러 철학적 설명에서 비인간 동물 다수는 사랑을 체험할 여지가 없어진다. 예컨대 철학자 데이비드 벨러먼David Velleman은 사랑에 관한 논문에서 칸트 철학의 전통에 따라 다른 사람의 이성을 깊이 느끼고 인식하는 것을 사랑으로 본다.[18] ('칸트=이성'임을 기억하자.) 벨러먼의 관점에서 사랑은 다른 사람의 이성적 존재가 나를 매혹할 때, 나를 매력적으로 사로잡을 때 생겨난다. 이 관점에 따르면 다른 대부분의 동물은 사랑하고 사랑받는 양편에서 배제된다. 사랑하는 사람의 입장에서 다른 존재의 이성을 인식하는 능력은 고도의 인지 능력이다. 그리고 상대의 이성이 인식되려면, 사랑받는 쪽도 인식될 수 있는 이성을 당연히 갖추어야만 한다.

사랑의 감정을 덜 인지적으로 설명하는 경우에도 인간의 체험에 특별한 지위가 부여되는 경향이 있다. 철학자 베넷 헬름Bennett Helm은 사랑하면 흔히 다른 사람을 대신해서 자랑스러움, 고마움, 분함 같은 감정을 느끼게 된다고 주장한다.[19] 헬름의 설명에서 이성은 핵심 역할을 하지 않지만, 사랑에는 여전히 고도의 인지 능력이 요구된다. 그런 모든 능력이 인간만의 전유물이라는 말은 아니다. 그러나 인간이 다른 동물보다 훨씬 고도로 복잡한 감정을 느낀다는 점은 확실하다. 그러므로 헬름의 설명에서도 동물은 그가 생각하는 사랑의 감정을 체험하지 못하는 존재일 수 있다.

하지만 사랑을 관계로 생각하면 상황은 약간 달라진다. 이 경우 인간의 사랑에 관한 설명은 연인 간의 사랑이든 부모와 자식 간의 사랑이든 관계 자체의 중요성에 초점을 둔다. 비인간 동물 집단에서도 분명히 사랑이라고 여겨지는 관계나 사랑과 매우 흡사해 보이는 관계를 관찰할 수 있다. 인지 능력이 발달한 돌고래가 애정 표현을 하는 모습도 어쩌면 놀랍지 않다.[20] 흔히 돌고래는 같은 무리의 취약한 구성원이 상어의 공격을 받지 않도록 보호한다. 새끼에게도 정성스러워서 죽은 새끼를 등에 태우고 바다를 헤엄치는 엄마 돌고래의 모습이 관찰되기도 했다. 또한 돌고래가 인간과 유대를 형성하는 사례도 수없이 많다. 그런 유대가 사랑이라고 말하기는 어렵더라도, 돌고래가 같은 종에 속하지 않는 다른 존재와 중요한 감정적 관계를 형성할 수 있다는 것을 보여준다.

또한 관계로서의 사랑은 가까운 존재를 잃으면 깊은 슬픔에 잠기기 쉽다는 점과도 흔히 연관된다. 그렇기 때문에 우리는 코끼리의 애도 의례를 세상을 떠난 존재에 대한 애정 표현의 전형적인 사례로 들 수 있다.[21] 코끼리는 흔히 죽은 코끼리의 주변을 맴돌면서 코로 조용히 사체를 쓰다듬고, 심지어 사체에서 엄니를 뽑아 지니고 다니거나 죽은 코끼리를 흙으로 덮어준다. 의례를 마친 뒤 다른 코끼리는 자리를 떠났는데도, 죽은 코끼리의 아들이 자리에 남아 코로 계속 사체를 쓰다듬는 사례도 관찰되었다.

돌고래와 코끼리는 진화 과정상 우리와 가까운 친척이 아니다. 그렇다면 진화상으로 우리와 더 가까운 대형 유인원은 다 자란 성체들 간에, 그리고 새끼에 대해 사랑으로 보이는 표현을 한다고 예측할 수 있다. 침팬지는 음식을 나눠 먹을 때 사랑의 감정과 연관된 호르몬인 옥시토신의 수치가 상승하는 것으로 나타났다.²² 다음은 활동가 셰리 스피드Sheri Speede가 기고한 두 침팬지 도러시와 나마의 사랑 이야기에서 발췌한 내용이다.²³ 두 침팬지는 어느 호텔에서 숙박객을 즐겁게 해주는 용도로 여러 해 사슬에 묶여 있었다.

마침내 카메룬 당국이 나와 내 동료들의 기술적 지원을 받아 극적인 무장 압수수색에 나섰고, 이로써 도러시와 나마가 사슬에서 풀려났다. 두 침팬지는 수년 동안 일정한 거리에서 서로를 바라볼 수 있었지만, 구조되기 전까지 신체 접촉은 할 수 없었다. 우리가 관리하는 숲속 안식처에서 둘은 달콤하게 포옹하고 서로 털을 다듬어줄 수 있었는데, 이것은 가장 중요한 침팬지의 사회적 행동으로서 이를 통해 애정 관계와 정치적 동맹이 형성된다.

나마는 더 넓은 사회 집단 속에서도 인기를 얻어 잘 지냈지만, 도러시의 여정은 훨씬 더 힘들었다. 40년이나 고립되고 극심한 감금 상태에서 지내서 신체적으로 약하고 사회성이 떨어졌다. 자신감이 부족해서 쉽게 괴롭힘을 당했다. 다행히 용감한 나마가 도러시가 힘을 낼 때까지 안전하게 지켜주었다.

궁극적으로 장난꾸러기 새끼 침팬지에 대한 사랑이 도러시에게 변화를 일으켰다. 도러시는 직접 새끼를 낳은 적은 없으나 어린 고아 침팬지 부불을 자식으로 삼아 40대에 어미가 되었다. 아들로 삼은 새끼를 보호하려고 자신을 확고히 내세우는 과정에서

도러시는 이전에 알지 못했던 지위와 존중을 얻었다.

돌고래, 코끼리, 침팬지는 그렇다고 치자. 그러나 가축은 어떨까? 구체적으로, 공장식으로 사육되는 가축은 어떨까? 가축도 사랑이라고 부를 수 있는 무언가를 표현할까? 만일 그렇다면 우리 인간이 가축의 사랑 관계를 공장식 축산으로 사실상 억누르고 있는 셈일까?

과연 가축들도 사랑 관계를 맺는 것으로 보인다. 최근에 나온 놀라운 영화 〈군다Gunda〉는 축사 몇 곳에 카메라를 설치해 동물의 일상생활을 포착한다. 〈군다〉를 보려면 약간의 인내심이 필요하다. 음악도 없고 대사도 없다. 그냥 동물이 하루를 어떻게 지내는지 지켜볼 뿐이다. 영화 속 동물 중에는 새끼를 기르는 어미 돼지가 있다. 우리는 태어난 지 얼마 되지 않은 새끼 돼지들이 성체 초기에 이를 때까지 자라는 모습을 시청한다. 영화 끝 무렵에(스포일러 주의) 이 영화에 등장하는 유일한 인간들이 나타난다. 그들의 역할은 어미 돼지의 새끼들을 운반하는 것인데, 도축장에 가는 것으로 짐작된다. 이 작업은 어미 돼지가 잘 때 이루어진다. 잠에서 깨어 새끼들을 찾는 어미의 불안감이 확연히 상승한다. 그리고 새끼들을 찾지 못하자 일종의 비통이나 절망으로 보이는 상태에 빠져든다.

비인간 동물의 행동을 해석하는 일은 까다로운 작업이

다. 우리는 동물이 무엇을 느끼는지, 그들 간의 관계가 어떤지 직접 물어볼 수 없고, 우리의 행동과 인간의 상호작용에 대한 이해를 바탕으로 해석해서 판단하는 수밖에 없다. 하지만 인간이 멸종하면 사랑의 체험도 사라지느냐는 것이 우리의 질문이라면, 최소한 다른 동물이 서로 맺는 관계도 사랑을 어느 정도 대체할 수 있을 만큼의 풍부함을 세상에 제시한다고 볼 수 있는 일정한 증거가 존재한다.

하지만 인간의 사랑은 고유하고 특별해서 세상의 좋은 점에 중요하게 기여한다고 옹호하고 싶은 사람들에게는 그것만으로 충분하지 않을 수 있다. 비인간 동물에게 사랑과 비슷한 관계가 존재한다고 해도, 그 관계는 인간의 사랑 관계가 지니는 깊이나 넓이를 따라오지 못한다고 그들은 반박할 것이다. 다른 동물은 사랑이 담긴 말이나 선물을 인간이 하는 방식으로 건네지 못한다. 사랑하는 상대의 취약함이나 궁극적인 죽음을 생각하지도 못하고, 서로 한심한 연애 시를 써 보내지도 못한다. 사랑에 이런 행동이나 신념을 필수로 여기는 사람들은 아마 사랑에는 대다수 동물이 느끼지 못하는 더 섬세한 감정 상태가 개입된다고 여길 것이다. 예컨대 사랑하면 다른 사람을 대신해서 자랑스러움, 분함, 고마움 같은 감정을 느끼게 된다는 헬름의 생각도 사랑 관계의 일부일 수 있다. 다른 동물종 사이에서 그런 감정은 (적어도 완전한 모습으로) 나타나기 어렵다.

이 점은 생물학자가 아닌 내가 보기에도 다른 동물종의 사랑에 한계 내지 그것에 준하는 선을 긋는다. 그리고 그렇게 섬세한 인간의 사랑이 사라지면 손실일 것이다. 하지만 그렇다면 인간이 멸종해도 사랑이 완전히 소실되는 것이 아니라, 사랑의 특정한 표현이나 측면만 사라진다는 이야기가 된다. 따라서 이 경우 인간이 다른 동물, 특히 사랑할 능력이 있는 동물에게 일으키는 고통과 사랑의 완전한 소실 사이에서 저울질하게 되는 것이 아니다. 그보다는 그 고통과 사랑의 특정 측면의 소실을 비교해 저울질하게 될 것이다. 둘 중 어느 쪽이 더 나쁜지 측정할 수 있는 공통의 척도가 없다고 해도, 세상에서 사랑이 완전히 사라지는 것보다는 인류가 멸종하는 편이 손실이 덜하다. 우리가 멸종해도 세상에는 여전히 사랑이 존재할 것이다. 그저 인간이 경험하는 종류의 사랑이 아닐 뿐이다.

게다가 인간의 사랑과 비인간 동물의 사랑에는 둘 다 그 체험의 중추를 이루는 뭔가가 있는 것으로 보인다. 바로 철학자 크리스토퍼 그라우Christopher Grau가 말한 '사랑하는 대상의 대체 불가능성'이다.[24] 우리는 누군가를 사랑할 때 특정한 사람이나 동물을 사랑한다. 그 사람이나 동물은 다른 비슷한 존재로 대체될 수 없다. 만일 우리가 사랑하는 사람이 세상을 떠났는데, 구분이 안 될 만큼 외모, 기억, 생활 방식 등이 똑같은 존재가 우리를 위해 만들어진다고 상상해보자. 그럴 경우에도 우리가 그 대체자와 맺는 관계는 원래 사랑했던 존재와 맺었던 관계와 똑같을 수 없다. 원래 사랑했던 존재와 맺은 관계에는 서로 공유하는 공통의 역사가 있지만, 새로 창조된 존재는 아무리 그런 역사를 가짜 기억으로 만들어 머리에 심어준다고 해도 우리와 공통의 역사를 공유하지 않는다. 사랑하면, 사랑의 대상은 대체 불가능하다. 사랑의 그런 측면, 그러니까 내가 대상을 위하는 마음이 다름 아닌 특정한 존재로 향한다는 사실은, 위의 여러 예시에서 알 수 있듯 인간뿐 아니라 다른 동물에게도 일반적이다. 그러므로 비록 인간의 사랑에서 보이는 어떤 측면은 인류 멸종과 함께 사라지더라도, 다른 특정한 존재와 맺는 관계라는 사랑의 중추적 요소는 여전히 존재할 것이다.

## 그 자체로 좋은 생태계

이 시점에서 생각해볼 만한 또 다른 문제가 있다. 인정하건대 이 문제는 환경윤리에 관한 철학 논의에서 논란이 되는 주제다. 바로 생태계 자체의 가치다. 생태계가 인간과 그 안에 서식하는 동물에게 주는 유용성을 넘어 그 이상의 가치, 중요성, 의의를 지닌다면, 그런 생태계를 계속 파괴하는 행위는 인류의 멸종을 찬성하는 또 다른 근거가 될 것이다. 인류의 존속이 그 자체로 중요한 생태계를 위협할 것이다. 따라서 우리는 반드시 질문해야 한다. 생태계는 중요할까? 그렇다면 그것은 어떤 종류의 중요함일까?

앞 장에서 무언가에 좋음과 그 자체로 좋음, 다시 말해 어떤 것이 다른 것을 위해 좋은 경우와 어떤 것이 그냥 그 자체로 좋은 경우를 구분했다. 생태계는 거기에 서식하거나 그것을 활용하는 동식물과의 관계에서만 좋다고 주장하는 사람들이 있다. 다시 말해 생태계는 그 자체로 좋은 것이 아니라, 거기에 서식하는 동물에게 좋거나 인간에게 그늘과 약용 식물을 주고 대기에 산소를 공급하는 등 자원을 제공해서 좋다는 의미다. 어떤 체계가 그것을 점유하고 활용하는 생명체 구성원을 넘어서 그 자체로 좋을 수 있다는 생각은 많은 사람들의 직관에 반할 것이다. 하지만 또 다른 사람들은 생태계는 그 자체로 좋다고 옹호할 것이다.

이것은 종에 관한 논의와도 유사하다. 어떤 사람은 종이 지니는 중요성은 그 개별 구성원을 넘어선다고 주장한다. 예컨대 사슴 사냥은 괜찮지만, 만일 모든 사슴이 지구상에서 사라지면 손실이라고 생각한다. 그렇게 생각하는 이유는 세상에 사슴이 있는 것이 좋은 일이기 때문이다. 즉, 사슴종의 존재는 그 자체로 좋다는 뜻이다. 그 좋음은 사슴이 단순히 식량이 되어주거나, 보기에 아름답거나, 어떤 생태적 지위를 차지해서가 아니다. 거기에 동의하지는 않지만 개별 사슴을 존중해야 한다는 사람들은, 사슴종이 사라져도 중요한 것이 상실되지는 않으나 지금 살아 있는 사슴들을 함부로 대하면 안 된다고 주장할 것이다.

그러면 생태계는 그 자체로 좋은가, 다른 무언가에 좋은가, 아니면 그 밖의 어떤 것인가?

우선 짤막한 이야기를 하나 해보겠다. 나는 운 좋게도 블루리지산맥에 둘러싸인 노스캐롤라이나주 서부 지역에 산다. 매해 가을이면 겹겹이 우거진 나무들이 웅장한 색채의 조화를 서서히 이뤄낸다. 그야말로 사방이 장관이다. 몇 개월 전 나는 그 산맥을 관통하는 고속도로를 달리고 있었다. 나는 가을의 빛깔에 특별히 감동했고, 내가 죽은 뒤에도 이 산에서 나뭇잎이 물들고, 잎이 떨어지고, 봄이 되면 다시 새잎이 돋아나는 의식이 매년 계속될 거라고 생각하니 마음 깊은 곳에서 평화로운 감정이 느껴졌다.

철학자 엘리자베스 앤더슨Elizabeth Anderson은 생태계와 관련해 '경이wonder'라는 용어를 사용하는데, 이 용어가 어떤 중요한 것을 포착해내는 듯하다.[25] 경이는 묘사하기 어려운 감정이다. 그것은 우리의 능력으로 창조할 수 있는 것보다 더욱 위대하고 아름다워 보이는 어떤 것과 마주했을 때 느끼는 감정이라고 할 수 있다. 내가 느낀 것도 경이와 비슷했지만, 좀 더 초월하는 감정이었다. 그 느낌은 내가 죽은 뒤에도 생태계나 그 진화상의 등가물이 계속 존재할 가능성에서 우러나는 평온함이었다. 그리고 그때 마침 이 책의 주제를 생각하고 있었기 때문에, 단풍이 드는 모습과 그런 순간을 만들어내는 전체 생태계는 그것을 보고 감탄할 사람이 전부 사라지더라도 여전히 좋을 수 있겠다는 생각이 들었다. 즉, 이런 생태계의 존재가 그것을 바라보는 사람이나 거기에 의존해 살아가는 생명체에 주는 영향과는 별도로 중요하고 그 자체로 좋게 느껴졌다.

세라 버스가 예술과 과학처럼 그 자체로 좋은 것을 알아볼 수 있는 데서 인간의 도구적 가치가 비롯된다고 한 설명을 기억할 텐데, 이 생태계도 마찬가지다. 그리고 역시 앞에서 보았듯, 낸디 튜니슨은 여기에 이견을 보이면서 그런 것들의 좋음은 인간과의 관계 속에서 규정된다고 주장했다. 나는 튜니슨의 견해에 대체로 동조하는 편이지만, 이 경우에는 예외일 수 있다고 말하고 싶다. 회의적인 사람을 설득할 만한 논리는 아니지만, 아래에서 일종의 변론을 제시하겠다.

예술과 과학은 대부분 무생물을 생성한다. 그것들은 생

명체가 아니다. 생물을 재료 삼아 예술을 창조하는 것도 가능하지만, 회화, 조각, 음악 등 일반적인 예술 작품은 대부분 살아 있지 않다(살아 있는 사람들이 연기하는 발레나 연극도 무생물인 안무와 대본에 근거해 이루어진다). 과학의 발견물도 마찬가지다. 반면에 생태계는 시간이 가면서 진화하는 생물들의 연결망이다. 물론 생태계도 진화하다 보면 어떤 시점에서 다른 생태계로 변할 수 있다. 생태계는 어떤 정적인 균형상태에 머물러 있기보다는 동적이고 변화무쌍하다. 그냥 진화의 속성이 그렇다. 내가 보기에 이런 생태계에는 우리에게 일으키는 경외감 이상으로 소중한 어떤 것이 있다. 진화하는 연결망 전체가 그 자체로 자연의 경이로움이며, 우리는 그 경이로움에 감탄할 수 있지만 우리의 감탄이 없어도 있는 그대로 경이롭다.

　잘 알려져 있다시피 인간은 생태계에 위협적인 존재다. 우리는 자연과 떨어질 수 없는 관계지만, 우리도 그 일부인 자연을 정복하고 숱하게 파괴한 역사가 바로 우리의 역사다. 특히 우리가 일으킨 기후위기는 브라질 열대우림에서 오스트레일리아 산호초에 이르기까지 많은 생태계를 위협한다. 인간의 행동에 위협받는 이런 생명의 연결망처럼 그 자체로 좋은 것들을 보존할 수 있다면, 인간종이 없어져야 할 하나의 이유가 되지 않을까?

　생태계가 그 자체로 좋을 수 있다는 생각에 동의하지 않는 사람은 이 논리에 설득되지 않을 것이 분명하다. 하지만 그 생각에 전반적으로 동조하는 사람이라도, 여기서 어떤 점을 반드시 따져 봐야 한다고 지적할 것이다. 우리는 생태계 자체의 장점을 인류가 기여하는 행복과 체험을 전부 포함한 인류 존속의 장점과 비교해야 하지 않을까?

그래야 하지만, 한 가지를 수정해야 한다. 생태계는 현재 살아 있는 생명체의 연결망이다. 그렇다면 현존하는 생태계의 좋은 점과 비교해야 할 대상은, 지금은 없지만 앞으로 태어날 인간의 좋은 점이다. 왜냐고? 앞으로 태어날 인간의 좋은 점은 현존하는 생태계를 희생해 얻어지기 때문이다. 그렇다면 이 부분에서 우리는 생태계를 옹호하는 논리를 펼쳐볼 수 있다.

이를테면 우리 대다수는 현존하는 인간에게 어떤 식으로든 기본적인 존중을 표하는 것이 도리라고 생각한다. (우리는 칸트와 그의 존엄성 개념에서 도무지 벗어나려야 벗어날 수가 없다.) 또한 우리는 미래의 인간에 대해서도 **그들이 태어날 것으로 가정하고** 어떤 의무감이 있다. 그러나 앞으로 아이를 낳지 않는 것만이 지금 살아 있는 인간을 존중하는 유일한 길일 경우를 한번 상상해보자. 예를 들어 인간을 더 낳으면 너무 심각한 식량 부족으로 지금 살아 있는 사람들이 굶주린다고 해보자. 그렇다면 우리는 인간을 더 낳지 말아야 한다. 우리는 미래 세대에게 그들을 낳아주어야 할 의무가 없다. 우리가 낳아주어야 할 의무가 있는 특정한 '대상'이 존재하지 않는다는 점을 기억하자.

생태계도 우리가 생태계를 그 자체로 좋다고 인정하는 한 비슷한 경우로 보인다. 미래에 그 자체로 좋은 것(또는 튜니슨의 견해에 따르면, 그 자체를 위해 좋은 것)이 될 무언가를 만들어내는 일이, 현존하는 그 자체로 좋은 것에 위협이 된다면, 내게는 후자를 보호하는 일이 전반적으로 더 중요하게 느껴진다. 여기에도 예외는 있을 수 있지만, 일반적인 법칙으로 따르기에 좋아 보인다. 그렇다면 아직 존재하지 않지만 혹시 태어나면 생태계를 위협하게 될 인간들로부터 생태계를 보호하는 일이, 인간을 계속 낳는 일보다 충분히 더 중요할 수 있다.

# 인류의 존속과 삶의 의미의 상관관계

지금까지 인류가 존속하지 말아야 할 세 가지 이유를 검토했다. 우리가 불러온 불행을 우리가 기여하게 될 행복과 대조하고, 우리가 유발하는 고통을 진리, 아름다움, 좋은 삶의 체험과 대조했으며, 우리가 생태계에 가하는 위협도 간단히 살펴봤다. 우리가 아직 반박하지 않은 부분은 전반적인 인류의 존속이 현존하는 인간에게 중요하다는 셰플러의 지적이다. 거기에 달리 보탤 말은 없다. 셰플러의 인류 존속 옹호는 미래의 인간보다는 지금 살아 있는 인간에게 초점을 둔다는 점을 떠올리자. 행복이나 가치 있는 체험의 문제와는 다르게, 그는 미래의 가능성을 따지지 않고 미래의 가능성이 지금 살아 있는 인간에게 미치는 효과를 따진다. 즉, 미래에 인류가 없어지면 앞에서 본 대로 현존하는 인간의 삶에서 일정한 의미를 앗아갈 것이다.

하지만 셰플러의 견해가 함의하고 있다고 볼 수 있는 결과에도 이런 반론을 제기할 수 있다. 인류의 존속이 다른 생명체에게 일으키는 고통(그리고 생태계를 중시할 경우, 생태계에 끼치는 해악)보다, 현존하는 인간이 느끼는 인류 존속의 중요성이 더 중요한가? 현존하는 사람들의 삶이 더 온전히 의미 있도록 보장하기 위해서라면, 예컨대 미래를 향한 각종 계획들이 실현될 수 있도록 기회를 보장하기 위해서라면, 공장식 축산, 삼림 벌채, 기후위기, 환경오염 등이 가져오는 이 모든 해악을 다 감수할 만한 가치가 있단 말인가?

늘 그렇듯, 이 문제를 판단할 만한 측정 기준은 없다. 그러나 진리, 아름다움, 좋은 삶의 체험과 마찬가지로, 인류의 존속이 주는 삶의 의미 때문에 고통도 일으킬 만한 가치가 있느냐는 물음은 내가 보기에 아주 생생한 현안이다. 나는 미래 인간의 존재가 우리 다수의 삶에 중요한 방식으로 기여한다는 셰플러의 주장이 옳다고 생각한다. 하지만 오로지 그것만 우리의 삶에 기여하지는 않으며, 셰플러도 그렇게 본다. 만일 미래 세대가 없으면 우리 다수의 삶의 의미가 줄어들 것이고, 어떤 경우에는 상당히 크게 줄어들겠지만, 완전히 소실되지는 않을 것이다. 따라서 여기서 비교해야 할 것은 인류가 멸망하면 사라질 삶의 의미와 인류가 멸망했을 때 막을 수 있는 불행과 손실이다. 이것을 비교할 방법에 관해서는 내가 볼 때 확실한 답이 없다. 그리고 우리의 목적상, 비교가 어떤 식으로 이루어지든 인류의 미래 세대가 계속 태어나는 쪽으로 저울추가 반드시 기울어진다는 보장은 없어 보인다.

## 인구 감소와 증가 사이에서

끝으로, 앞 장에서 했던 것처럼 인구가 크게 감소하면 어떨지 검토할 차례다. 앞 장에서 우리는 인구가 감소해도 인류 존속의 장점이 대부분 보존된다는 점을 보았다. 그렇다면 이건 어떨까. 인구가 크게 감소하면 인류가 미래에 존재해서 일으킬 해악을 완화할 수 있을까?

일단 인구가 줄어들수록, 특히 공장식 축산을 통한 인간의 영양 섭취를 목적으로 학대당하는 동물의 수는 줄어들 것이다. 그와 더불어 삼림 벌채, 환경오염, 탄소 배출량, 생태계 위협도 줄어들 것이다. 이 모든 것은 인류의 존속이 불러오는 해악의 감소를 의미한다.

그러나 인구가 감소하면 불행을 덜 일으킨다고 해도, 인류가 아예 멸종하는 경우에 비하면 불행이 더 많이 생기지 않을까?

그렇지 않을 수 있는 상황을 상상해볼 수 있다. 가령 지금보다 적은 인구가 존재한다고 치자. 그럴 경우 공장식 축산 같은 관행은 불필요해질 수 있다. 대신에 현재 아는 지식을 바탕으로 동물을 인도적으로 사육하고 도축할 수 있을 것이다. 동물들은 죽을 때까지 좋은 삶을 누릴 테고, 이를 통해 세상에 행복이 더해질 것이며, 물론 동물의 입장에서도 존재하는 편이 좋을 것이다. (여기서 주의해야 한다. 동물을 **태어나게 하는 것**은 그들에게 좋은 일일 수 없다. 태어나기 전까지는 '그들'이란 없다. 일단 태어난 다음에 세상에 존재하는 것이 그들에게 좋다는 뜻이다.) 이와 더불어 우리는 더 지속 가능한 농법을 상상해볼 수도 있고, 현재 아는 지식을 바탕으로 재활용을 실천해 바다를 파괴하는 플라스틱의 양도 제한할 수 있을 것이다. 이 모든 것은 앞에서 잠깐 살펴봤던 환경 관리 정신에 부합한다. 또한 인구가 감소하면 온실가스 배출도 감소할 것이다. 모든 점을 고려했을 때, 인구가 예컨대 수백 내지 수천만, 아니면 심지어 10억 정도만 되어도, 인간의 가치 이상으로 고통을 유발할 위험 없이 인류 존속의 좋은 점을 이어가는 일이 가능할지도 모른다.

이러한 상황이 인구 감소의 잠재적인 장점이다. 그러나 혹시 감소한 인구가 결국 다시 늘어나게 될까? 적어도 농업혁명 이후의 인류 역사는 인구 팽창의 역사였다. 우리 종은 인구 수준을 유지할 만큼만 출산하는 것이 아니라 인구를 불리는 경향이 있다. 여기에는 유아 사망과 인간을 위협하는 그 밖의 위험에 대비하는 훌륭한 진화상의 이유가 있다고 생각된다. 그리고 인구를 늘리는 행태에는 훌륭한 비진화적 이유도 존재한다. 이유야 어떻든 인간이 있는 곳이면 인간이 늘어나는 모습을 보이며, 큰 폭으로 늘어나는 경우도 흔하다. 그렇다면, 감소한 인구가 그대로 적게 유지되지 않을 것이다. 그리고 그대로 적게 유지되지 않으면, 인구 감소로 해결될 것으로 기대했던 문제들이 재발할 위험이 있다.

인구 증가는 필연일까? 내 생각에는 그렇지 않다. 이러한 예측을 가능하게 하는 요인은 두 가지다. 첫째, 여성에게 교육의 기회와 다른 독립 수단을 제공하면, 다른 유익한 점과 더

불어 산아제한에도 매우 효과적이라는 것을 우리는 알고 있다. 그렇다면 인구가 적은 상태에서 성평등을 이룰 경우 인구가 점차 팽창할 확률은 낮아진다. 둘째, 우리는 유아 사망과 인류를 괴롭히는 그 밖의 문제들을 방지하는 법을 안다. 이 방법은 한편으로 인구 증가에 일조하지만, 다른 한편으로는 특히 구성원들의 삶이 풍요로울 경우 적은 인구를 유지하면서 현 구성원들의 삶을 잘 보존하는 방향으로 유도할 수도 있다. 물론 이 모든 것이 상당한 추측이다. 그러나 인류의 미래에 관한 도덕적 숙고에서 이런 종류의 추측은 피할 수 없다. 사실 이 어려운 문제를 제대로 이해하고 싶다면, 오히려 그런 추측을 환영해야 한다.

그렇다. 이 장은 험난한 여정이었다. 우리 종이 동료 생명체에게 여러모로 엄청난 고통을 준다는 사실을 직시하기란 쉽지 않다. 그러나 여기에는 교훈이 있다. 우리가 그 교훈을 취한다면 우리의 존속이 더 정당해지거나, 적어도 거의 정당한 수준에 이를 수 있을 것이다. 이제 그 교훈을 살펴볼 차례다. 우리 종이 지구를 망치는 병충해(또는 병충해와 너무 닮은 존재)가 되지 않으려면 이제부터 어떻게 해야 할까?

# 우리는 어떤 선택을 해야 하는가?

4

우리 인류가 계속 존재해야 할 몇 가지 타당한 이유가 있다. 우리는 세상에 많은 행복을 가져다준다. 다른 동물은 하지 못하는 다양한 체험을 할 능력이 있다. 지금 살아 있는 사람들에게 인류의 존속은 삶의 의미를 부여하는 중요한 요인이다. 우리가 계속 존재하지 않는 것이 타당한 이유도 있다. 우리가 다른 동물에게 주는 엄청난 고통, 그리고 우리가 이 세계의 생태계에 일으키는 폐해가 그 이유다.

인류는 멸종해야 할까? 앞의 두 장에서 반전에 반전을 거듭하고 났더니, 멸종해야 할지 아닐지 명확한 판단이 서지 않는다. 그러나 판단이 서지 않는다는 것 자체가 벌써 충격적이다. 인류의 존속이 도덕적으로 정당하냐는 문제가 생생한 현안임을 깨닫고 두려워진다. 여러분 중에서도 그렇게 느낄 사람이 많다고 짐작된다.

그러나 그런 두려움의 포로가 될 필요는 없다. 우리는 두려움을 동력으로 삼아 세상을 개선하고, 다른 동물에게 일으키는 고통을 중단하거나 적어도 최소화할 수 있다. 인류의 존속이 더 정당해지거나 적어도 거의 정당한 수준이 되려면 어떤 교훈을 바탕으로 미래에 존재할 우리의 모습을 구상할 수 있을지 스스로 질문할 수 있다. 이 장에서는 식량, 삼림 벌채, 인구 문제, 기후위기, 동물실험, 자연과 다른 동물을 대하는 태도와 관련해 그런 몇 가지 교훈을 살펴본다.

하지만 그러기 전에, 요즘 인기 있는 도덕적 접근법 하나를 검토하고 넘어가자. 내가 보기에 이 접근법은 우리 인간이 이 지구에서 우리의 미래를 생각할 때 자주 저지르는 오류를 보여주는 전형적인 예다. 이러한 점에서 이 접근법은 우리가 미래를 바라볼 때 정말로 명심해야 하는 교훈을 얻기 위한 유용한 출발점을 제공한다.

## 지금 우리에게 필요한 장기적 관점

최근에 인류의 미래에 대한 도덕적 접근법 하나가 철학 이론으로는 드물게 세간의 주목을 받았다. 장기주의longtermism는 윌리엄 맥어스킬William MacAskill이 만든 용어로, 빌 게이츠, 일론 머스

크 등의 지지를 받았다. 그리고 맥어스킬의 최신 저서《우리는 미래를 가져다 쓰고 있다》도《뉴욕 타임스》베스트셀러 목록에 올랐다.[1] 장기주의의 취지를 이해하려면 그 기반을 이루는 효율적 이타주의 운동 Effective Altruism movement을 이해해야 한다.('효과적' 이타주의라는 의미지만 피터 싱어의 책 제목과 국내에 널리 수용된 표현을 고려해 '효율적' 이타주의로 옮겼다—옮긴이) 그리고 효율적 이타주의를 이해하려면 피터 싱어의 1972년 글《기근 풍요 도덕》을 참고해야 한다.[2]

철학에서 어떤 사상에 생명을 불어넣는 한 가지 방법은 거기에 극명한 이미지를 곁들이는 것이다. 싱어가 제시한 극명한 이미지는 철학 분야만이 아니라 더 광범위한 대중의 상상 속에서 지속적인 영향력을 발휘했는데, 다름 아니라 그의 논문에 등장하는 물에 빠진 아이의 이미지다. 얕은 연못에 빠진 아이를 봤다고 상상해보자. 당신은 그 아이를 살릴 수 있지만, 신발이나 바짓단이 젖는다는 사소한 불편함이 있다. 그 불편함을 구실로 아이를 살리지 않아도 될까? 물론 그러면 안 된다. 당신은 연못에 당장 뛰어 들어가 아이를 구할 의무가 있다. 게다가 당신이 그렇게 해서 아이를 구하는 것은 자선 행위가 아니다. 아이를 구했다고 칭찬받을 일이 아니라는 말이다. 싱어에 따르면, 그것은 당신의 의무다.

이번에는 소액의 수표를 작성해서 외국에 있는 아이를

구할 수 있다고 해보자. 거기에도 불편함이 있다. (혹시 송금 앱을 쓰면 어떨까?) 하지만 눈앞에 있는 아이를 구하는 일과 그렇게 다를까? 눈앞에 있는 아이를 구하는 일보다 더 큰 노력이 들까? 싱어의 관점에서는 그렇지 않다. 더 나아가, 물에 빠진 아이를 구하는 일이 의무라면 수표를 작성하는 일도 의무다. 이 경우 거리는 도덕적으로 중요하지 않다. 그 아이는 먼 곳에 살고 물에 빠진 아이는 눈앞에 있다고 해도 상황의 도덕적 성격은 바뀌지 않는다. 그리고 수표를 작성했다고 해서 물에 빠진 아이를 구한 것 이상으로 칭찬받을 일도 아니다. 그것은 마땅히 해야 하는 일일 뿐이다. 제목이 시사하듯 싱어의 논문은 주로 기근 구제에 초점을 두지만, 기근 구제는 누군가가 자신의 시간이나 금전을 기부하는 여러 사례 중 하나일 뿐이다.

 이 논리가 옳다면 모든 기부가 끝나는 지점은 어디일까? 싱어의 관점에서는 원칙적으로 당신과 당신이 도와주는 사람이 대략 같은 처지가 됐을 때 기부가 끝나야 한다. 싱어에게는 바로 그것이 공리가 전체적으로 극대화된 상태다. 하지만 싱어도 자신의 요구가 대다수 사람들이 기꺼이 기부하려는 수준을 넘어선다는 점을 알고 있다. 그래서 대안으로 당신이 도덕적으로 의미 있는 어떤 것을 희생해야 할 때까지 기부하라는 원칙을 제시한다. 따라서 이를테면 자녀가 근처 공립대학에 진학한다면 그 등록금은 꼭 기부하지 않아도 되지만, 그 수준을 넘어서 일류 대학에 갈 경우 그 등록금은 기부해야 할 것이다.

　이 예시와 여기에 대한 싱어의 분석에서 효율적 이타주의 운동이 탄생했다. (그렇다. 암호화폐 거래소 FTX의 전 CEO 샘 뱅크먼프리드Sam Bankman-Fried가 그의 '사업'에서 호소했던 바로 그 운동이다. 하지만 그가 효율적 이타주의의 모든 교리를 완전히 준수하지는 않았다.) 이 운동의 근간을 이루는 사상은 어려운 사람을 돕기 위한 기부는 가장 효율적인 방법으로 해야 한다는 것이다. 따라서 효율적 이타주의가 항상 던지는 질문은 세상에 이로움을 창출하는 가장 효과적인 방법은 무엇인가, 다시 말해 어떤 종류의 기부가 전체적으로 가장 큰 이로움을 가져오는가다.

　이 기부의 경우 효율성을 양편에서 고려해야 한다. 한편에는 기부금 수령자가 있다. 어떤 수령자는 기부를 통해 많은 혜택을 얻지만, 다른 수령자는 그만큼 많이 얻지 못한다. 연극단에 기부하는 것도 일정한 이로움을 창출하지만, 말라리아 예방용 모기장을 마련하는 일에 기부하면 더욱 이로울 것이다(여기서 '이로움'은 공리주의의 쾌락이나 행복 개념과 비슷하지만 좀 더 광범위하다). 다른 한편에는 기부자가 있다. 기부자는 이로움을 최대한 창출하기 위해 무엇을 할 수 있을까? 싱어의 관점에서 보면, 월가에서 보수는 높지만 의미를 찾기 어려운 직종에 종사하는 것 역시 큰돈을 기부할 수 있으니, 생명이 위독한 사람에게 신장을 기증하는 것만큼이나 인생에서 추구할 만한 일이다.

그러나 효율적 이타주의에도 비판자가 없지 않다. 어쩌면 기부보다는 정치 변화가 필요하고 결국에는 그게 더 효과적일 수도 있기 때문에, 자선 기부를 하라는 조언을 불편해하는 사람도 있다. 효율적 이타주의는 골치 아픈 정치 이슈를 대체로 무시하지만, 그 철학적 틀에 그런 태도가 필연적으로 수반되지는 않는다. 그와 관련된 또 다른 비판적 입장은 자선 활동이 해당 정권의 자국민 구제 의무를 덜어줌으로써, 또는 그 활동이 없었으면 더 강력한 대중의 저항에 부딪혔을지도 모르는 부패 정권을 지탱하는 결과마저 불러와 현 정치 구조를 사실상 고착화하는 것은 아닌지 의문을 품는다.

하지만 최근에 효율적 이타주의 운동 내부에서 맥어스킬을 비롯한 몇 사람이 현존하는 사람들에게 기부하는 것이 더 효과적일지, 아니면 그보다는 미래에 존재할 사람들에게 안전한 환경을 보장하는 것이 더 나을지 의문을 제기했다. 이들의 주장에 따르면 어차피 앞으로 지금 살아 있는 사람보다, 아마 **이제까지** 지구상에 살았던 모든 사람보다, 훨씬 더 많은 사람이 태어난다는 것이다. 그러므로 우리가 가진 자원을 활용할 가장 효과적인 방법은, 현재에만 집중하기보다는 미래의 인간들에게 좋은 삶을 보장하는 일이라고 그들은 제안한다. 이미 존재하는 사람들의 이로움보다 앞으로 태어날 사람들의 이로움에 중점을 두는 것, 그것이 바로 장기주의다.

장기주의는 기후위기 완화 같은 상식적인 정책을 지지하지만, 꽤 엉뚱한 생각을 지지할 수도 있다. 철학자 키런 세티야Kieran Setiya가 지적한 대로, 우리 이후에 인간이 8조 명이 태어난다고 가정했을 때 장기주의자들의 논리에 따르면 인류를 전멸시킬 확률이 0.0001퍼센트인 사건을 예방하기 위해서라면 지금 100만 명을 희생시키는 것이 낫다고 확언할 수 있어야 한다.[3] 왜냐고? 그런 사건의 발생 확률이 아무리 미미할지라도, 앞으로 태어날 인간 8조 명의 행복이 그 100만 명의 행복에 우선하기 때문이다.

일부 장기주의자들의 논리를 따라가면 이야기가 더욱 엉뚱해진다. 이미 부유한 사람들은 일자리 창출이나 기부 등을 통해 미래의 행복에 이바지할 가능성이 더 높으니까 그들이 더 잘되도록 도와야 한다는 사람도 있고, 행복한 인간들이 태어나도록 유전공학의 다양한 기법을 활용할 수 있어야 한다고 추측하는 사람도 있다. 이런 생각들을 여기서 깊이 다룰 필요는 없다. 다만 알아두어야 할 것은 기후 불안증에 시달리는 사람이 흔히 그렇듯 장기주의자들도 인류 존속의 단점을 간과한 채 인류의 미래에만 초점을 둔다는 점이다.

그러면 정말로 우리는 어떤 장기적 관점을 취해야 할까? 장기주의는 미래의 인류가 누릴 이로움에만 거의 오롯이 집중하고, 인류가 다른 동물에게 주는 영향은 진지하게 고려하지 않는다. 진정한 장기주의자라면 장기적 관점을 일련의 정책으로가 아니라, 두 가지 물음으로 접근해야 할 것이다. 첫째는 인류가 장기적으로 존재해야 하느냐고, 둘째는 만일 그래야 한다면 어떤 모습으로 존재해야 하느냐다. 지금까지 우리는 첫 번째 물음을 다뤘고, 이제 두 번째 물음을 던질 차례다. (맥어스킬은 《우리는 미래를 가져다 쓰고 있다》에서 우리가 비인간 동물에게 끼치는 영향을 간략히 다루면서, 사육되는 동물에 대한 영향은 갈수록 나빠지고 야생동물에 대한 영향은 그보다 조금 나을 것으로 추측한다. 하지만 그는 이 논의를 더 큰 질문으로 이어가지 않는다.) 이미 보았듯이 확실한 답을 얻기는 어려워도 우리가 취할 수 있는 교훈들이 존재하고, 그것을 취하면 우리의 장기적인 존속이 더 정당해지거나 적어도 거의 정당한 수준에 이를 것이다. 그러나 그 교훈들도 어려움을 안겨준다. 그중 몇 가지만 간단히 살펴보자.

**식량**

앞 장에서 공장식 축산의 해로운 영향을 상당히 비중 있게 다루었다. 그것은 일련의 끔찍한 관행이다. 공장식 축산은 엄청난 수의 동물을 번식시켜 밀집 사육하고, 새끼를 어미에게서 분리하고, 자연 사료가 아니거나 심지어 건강에 해로운 사료를 먹이고, 잔인한 방식으로 일찌감치 도축한다. 공장식 축산에는 어떤 도덕적 명분도 없어 보인다.

그럼에도 어떤 면에서 도덕적 명분이 **있다**. 최소한 현 상황에서는 그렇다. 그 이유를 이해하기 위해, 공장식 축산을 거부하면 어떤 일이 일어날지 생각해보자.

공장식 축산을 거부할 방법은 적어도 두 가지다. 첫째는 인도적인 방법으로 사육한 동물만 소비하는 것이다. 둘째는 완전한 채식주의자가 되거나, 인도적으로 사육한 동물에게 얻은 유제품만 섭취하는 채식주의자가 되는 것이다. 둘 다 지속적으로 이행하기에 어려움이 있다. 당장 일어나는 문제는 인도적으로 사육한 동물과 잔인하게 사육한 동물을 구분하기 어렵다는 점이다. 현재 육류나 유제품 표시에 엄격한 기준이 없어서, 실제보다 더 바람직한 방식으로 사육된 것처럼 표시하기란 쉬운 일이다.[4] 구매하는 제품이 정말로 인도적으로 사육한 동물의 고기나 가공품이라고 확신하려면 조사를 많이 해야 한다.

두 번째 문제는 더 복잡하다. 충분한 시간을 들이면 착한 제품을 찾아낼 수 있다. 그러나 인도적으로 사육한 동물과 공장식으로 사육한 동물의 가격 차이를 극복하는 일은 많은 사람에게 더 큰 어려움이다. 공장식 축산이 지금처럼 성공적인 데는 이유가 있다. 공장식 사육장은 동물을 단순히 대량 생산품으로 취급해 인도적인 사육장에서 나온 고기 및 가공품보다 훨씬 더 저렴한 가격에 판매할 수 있기 때문이다.

사람들이 음식에 좀 더 큰돈을 지불할 의사만 있다면 이 문제도 극복할 수 있을지 모른다. 경제적으로 더 나은 처지에 있는 일부에게는 실행 가능한 해결책이다. 인도적으로 사육된 육류를 살 만한 여유가 있다면 그래야 한다. 돈을 조금 더 주고 인도적으로 사육된 육류를 살 수 있는데도 동물에게 고통스러운 삶을 견디게 하는 것은 심각한 도덕 결핍이다.

하지만 식료품에 돈을 더 쓰는 것은 많은 사람에게 큰 부담이다. 미국도 다른 여러 나라처럼 불평등이 극명하고 갈수록 심화하는 추세다.[5] 취미로 우주여행에 돈을 쓰는 억만장자가 있는가 하면, 다른 사람들은(그들 중 상당수가 그런 억만장자를 위해 일한다) 얼마 되지 않는 급료로 근근이 생활한다.

더욱이 미국 등지의 빈곤층 다수가 식료품점이 많지 않은 '식품사막food desert'에 산다.[6] 그나마 몇 곳 안 되는 식료품점은 다른 경쟁 상대가 없어서 값을 올려받기 일쑤다. 그 결과 노동자와 실업자가 흔히 의지하는 곳은 패스트푸드 음식점이다. 패스트푸드는 건강에 좋지 않아도 가장 저렴한 선택지일 때가 많다. 그리고 공장식 축산으로 공급되는 식재료가 아니면 패스트푸드를 저렴하게 유지하기란 불가능하다.

따라서 공장식 축산을 폐지하는 일은 간단하지 않다. 공장식 사육장을 소유하는 업체들이 벌일 로비만 생각해도 상당히 어려운 일이다. 거기에 사람들이 건강하게 식사할 만한 여건을 보장하는 어려움이 추가된다. 이것은 식품 산업만의 문제가 아니다. 미국과 사실상 전 세계에 부가 분배되는 방식과 관련된 문제다. 공장식 축산을 폐지했다가 자칫 수많은 사람이 굶주리는 상황이 생기지 않게 하려면, 축산 문제와 불평등 문제를 동시에 다루어야 한다. 이것은 훨씬 광범위하고 실로 벅찬 과제다.

이것은 공장식 축산을 유지할 수밖에 없다는 뜻일까? 공장식 축산의 폐해를 제한하기 위해서 개인이 할 수 있는 일은 아무것도 없다는 뜻일까? 그렇지 않다. 경제적 여건이 허락하는 한 가급적 공장식 축산 육류의 소비를 거부해야 할 두 가지 이유가 있다. 첫째, 당신은 아마 혼자가 아닐 것이다. 공장식 축산 육류나 가공품의 구매를 중단하는 사람이 오직 한 명뿐이면 공장식 축산에 의해 대량으로 고통받는 동물의 수는 변하지 않는다. 그러나 당신과 비슷하게 느끼고 같은 선택을 할 여건이 되는 사람이 많이 있을 것이다. 공장식 축산의 참혹함에 대한 인식이 확산되면서 그런 관행 유지에 참여하기를 거부하는 사람도 늘어나고 있다. 이것이 합쳐지면, 그런 처참한 조건에 놓이는 동물의 숫자에 영향을 미칠 수 있다.

이제 짐작이 가겠지만, 그게 바로 공리주의 논리다. 우리가 공장식 축산품 소비를 포기했을 때 제거할 수 있는 고통의 크기에 관심을 두기 때문이다. 그러나 육류 소비 자제를 주장하는 또 하나의 논리는 당신이 어떤 인간이 되고 싶은지에 관심을 둔다. 당신은 특히 그러지 않을 만한 경제적 여유가 있는데도 동료 생명체를 잔학하게 다루는 관행에 참여하는 인간이 되고 싶은가, 아닌가? 이 물음에 대한 답변은 당신이 스스로 어떤 사람이라고 느끼는지와 관계있다.

이 질문은 삶의 여러 분야에 적용할 수 있다. 혹시 당신이 극심한 오염을 일으키는 기업의 제품을 거부하거나 기후위기의 요인인 항공 여행을 줄이는 등 부도덕하게 여겨지는 관행을 자제하겠다고 누군가에게 말한 적이 있다면, 이런 질문을 받았을 수 있다. "그게 무슨 소용이야? 당신 혼자서." 그러나 우리 인생은 그저 좋은 결과만을 내기 위한 도구가 아니다. 각자가 인생을 살아가는 방식이 중요하다. 따라서 동물 학대와 관련해 당신은 어떤 인간이 되고 싶으냐는 물음에 대답할 때, 그 대답이 꼭 동물에게 직접 소용이 있어야 하는 것은 아니다.

하지만 '당신 혼자서' 무슨 소용이냐는 문제 제기도 사실 틀린 말은 아니다. 결국 공장식 축산의 관행을 앞에 놓고 전체적으로 인류의 존속에 정당한 명분을 부여하고 싶다면, 개인이 각자 육식을 자제하는 것만으로는 그 명분이 부여되지 않는다. 공장식 축산도 폐지해야 하고, 그러려면 부와 자원이 더 공평하게 분배되도록 경제 불평등을 해소해야 한다.

## 인구

앞에서 논의한 대로 인간의 출산율을 낮추면 다른 생명체와 그들의 터전인 생태계에 몇 가지 긍정적인 영향을 줄 수 있다. 첫째, 육류 소비, 특히 공장식 축산 육류의 소비가 감소할 것이다. 둘째, 몇 가지 이유에서 삼림 벌채와 전반적인 생태계 훼손을 완화하는 데 도움이 될 것이다. 사람이 많아지면 식량이 더 필요해서 가축 방목이 증가하고, 다시 삼림 벌채로 이어진다. 또한 인구가 증가하면 농작물 수요가 늘어나서 임야를 농지로 개간해야 한다. 마지막으로, 인구가 증가하면 더 많은 주택이 필요하다. 어딘가에는 주택을 지어야 하는데, 이를 위해 삼림을 벌채하거나 이전에 사람들이 어떤 다른 필요에 의해 사용하던 토지에 지어야 하고, 그러면 그 필요 충족을 위해 또 다른 토지를 확보해야 한다.

인구 감소의 세 번째 긍정적 효과는 기후위기의 완화다. 사람 수가 줄어들면 삼림 파괴가 덜 일어나서 풀과 나무가 대기 중 탄소를 더 많이 흡수할 수 있다. 또한 인구가 감소하면 생산과 소비가 감소해 온실가스 방출도 줄일 수 있다. 그러나 인구가 감소한다고 해서 **필연적으로** 이런 결과가 나오지는 않는다. 인구가 줄어도 가처분소득이 늘어나면, 인구가 많았을 때 소비하지 못한 것을 만회하느라고 일인당 소비가 늘어날 가능성도 있다. 길에 허머 같은 거대한 SUV가 지금보다 더 많아지는 것은 정말 불필요한 일이다. 하지만 과소비를 억제하는 다른 정책을 함께 펼칠 경우, 인구 감소가 기후위기에 긍정적인 효과를 불러올 것이라는 생각에는 일리가 있다.

물론 큰 문제는 지난 50여 년 동안 기하급수적으로 증가한 인구를 앞으로 어떻게 줄이느냐는 것이다. (인구가 이번 세기 말에 약 100억 명에서 정점을 찍은 후 감소할 것으로 예측하는 연구가 있긴 하다.[7]) 널리 알려진 대로, 여성을 교육하고 여성의 역량을 전반적으로 강화하는 것이야말로 가장 효과적인 인구 억제책이다.[8] 이 방법은 전혀 놀랍지 않다. 여성에게 교육의 기회를 부여하면 몇 가지 효과가 발생한다. 가임기 여성이 학교에 다니는 기간이 길어지면 임신할 기회가 줄고 직업 선택의 기회가 늘어난다. 그러면 학교에서 배운 기술을 바탕으로 실력을 키우는 동안 임신을 미룰 이유가 생긴다. 경력이 쌓일수록 자녀를 늦게 낳고 적게 낳을 가능성이 높아진다. 따라서 여성 교육의 확대는 성평등의 여러 장점과 더불어, 인구 감소라는 중요한 이점을 가져온다.

여성 교육 확대에는 두 가지 명백한 어려움이 있다. 출산율이 높은 나라는 대체로 가난하고 교육과 직업의 기회가 제한적이다. 또한 여성을 2등, 심지어 3등 시민으로 취급하는 문화권이 흔히 빈곤 지역과 겹친다. 하지만 둘 사이에 성급히 어떤 인과관계를 상정하는 것은 경솔한 일일 수 있다. 가난을 특정한 문화 규범의 탓으로 돌리는 것은, 예컨대 애초에 그곳에 극심한 빈곤을 가져온 식민주의의 역할을 간과하는 일이 될 수 있다.

그럼에도 출산율을 낮추려면 경제와 문화 모두 변화해야 한다. 경제적으로 앞선 나라가 그렇지 못한 나라에 확실한 도움을 약속해야 하며, 그러려면 선진국의 시민들이 더 넓은 세상에서 반드시 수행해야 할 역할을 반드시 인식해야 한다. 현재 국가주의, 인종주의, 단순 물욕이 차지하는 위상으로 미루어 생각하면 이는 쉬운 일이 아니다. 문화적 변화를 도모하는 일은 한층 더 섬세한 접근이 요구된다. 식민주의의 유산을 감안할 때, 과거에 착취당했던 나라의 입장에서는 자신들을 착취하고 억압했던 나라들을 더 닮으라는 선진국들의 충고가 좋게 받아들여지지 않을 것이고, 또 충분히 그럴 만하다. 문화 개입은 좀 더 조심스러워야 하며, 강요할 일이 아니라 여성을 주변화하는 문화권 내부의 당사자들과 연합해서 이뤄내야 한다. 지금까지 선진국은 저개발국과의 협력 사업에서 훌륭한 실적을 내지 못했다.

또 다른 어려움은 인구 감소에 비용이 뒤따른다는 점이다. 예컨대 미국에서는 사회보장 연금과 관련해 재정 위기 문제가 정기적으로 불거진다. 의학 발전으로(물론 좋은 일이다) 젊은 인구에 비해 고령 인구의 크기가 상대적으로 커지고 있다.

이것은 사회보장 연금에 기여하는 보험료 납부자가 수령자에 비해 상대적으로 감소한다는 뜻이고, 따라서 제도 파탄에 대한 우려와 재정 건실화 방안을 마련해야 하는 문제가 생긴다. 이 문제를 해결하지 않으면, 빈곤층 내지 준빈곤층 고령 인구가 늘어나는 상황에 직면할 것이다. 사회보장 재정을 마련할 수는 있지만, 아마 세수 같은 별도의 재원으로 충당해야 할 것이다. 그 세금은 은퇴자들의 소득에 이미 기여하고 있는 젊은이들에게 부과될 터이므로, 취업도 옛날보다 힘들고 일자리 보장도 잘 되지 않는 시대에 그들에게 추가 부담을 지운다.

    이 같은 어려움은 미국에만 국한되지 않는다. 노후 소득 보장제도를 운영하는 나라라면 어디든 같은 문제에 부딪힐 공산이 크다. 심지어 그런 제도가 없는 나라도 의학이 계속 발전하는 한 고령 인구가 젊은 인구보다 상대적으로 커지는 문제에 직면할 것이다. 그렇다고 젊은 인구를 늘려서 일인당 부담을 줄이는 방식으로 이 문제를 해결하려고 한다면, 인구 증가에 수반되는 그 모든 문제점을 다시 감수해야 한다.

    이 진퇴양난을 내가 명확하게 해결할 수 있으면 좋겠으나, 이 문제에 제대로 대응하려면 내 영역을 벗어나는 경제학과 정치학 분야의 전문 지식이 필요하다. 이 문제는 앞으로 인구를 억제해 **우리의** 존속에 정당성을 부여하고자 한다면 정면으로 맞서야 하는, 참으로 어려운 과제다.

## 삼림 벌채

지금까지 인류의 존속을 옹호하기 위한 몇 가지 다른 접근법과 실행상의 어려움을 살펴보는 과정에서, 우리는 각각의 접근법과 거기에 담긴 어려움을 전체 이야기 속에서 서로 무관한 별개의 요소로 취급했다. 그러나 우리는 이 요소들이 서로에게 원인이 되고, 결과가 되고, 문제 해결에 난점으로 작용하는 등 세 가지 층위에서 일어나는 상호 작용을 인식해야 한다. 삼림 벌채는 이 점을 효과적으로 보여주는 예다.

삼림 벌채의 원인은 부분적으로 식량 공급 압박과 인구 증가다. 육류 수요가 증가해 삼림을 방목지로 전용하고, 농작물 수요가 증가해 동물의 서식지를 희생시켜 농지를 늘린다. 그러면 다시 삼림 벌채는 아래에서 논의하게 될 기후위기의 원인으로 작용한다. 끝으로 삼림 벌채를 막기 위해서는 경제 불평등과 기후위기를 일으키는 다른 관행들을 다시 들여다봐야 한다.

이 문제를 더 명확히 이해하기 위해 중요한 사례 하나를 간략히 살펴보자. 바로 브라질 아마존 열대우림 벌채다. 앞에서 이야기한 대로 보우소나루 정권이 들어서자, 그전부터 진행 중이던 아마존 우림의 벌채에 더욱 가속도가 붙었다. 후임 대통령인 루이스 이나시우 룰라 다 시우바는 우림 벌채 저지를 약속했지만, 아마 관행 유지를 용인하라는 압박을 받게 될 것이다.

아마존 우림 벌채는 단기적으로 일정한 경제 이익을 가져다준다. 아마존 우림 벌채의 가장 중요한 이유인 소 방목지를 조성할 수 있고, 목재와 농지를 확보할 수 있기 때문이다.[9] 소고기 산업, 목재 산업, 농업은 일자리를 제공하고 소비재 증가와 대외 무역 증가를 촉진한다. 브라질은 아직 개발도상국이어서, 이런 산업을 통한 일자리 창출이 유용할 수 있다. 그 일자리에 취업한 사람들은 그런 여건을 조성하는 정치인을 지지할 가능성이 높고, 따라서 삼림 벌채 정책을 옹호하는 정치 지도자가 지지를 얻는다. 보우소나루가 다른 여러 면에서 인기가 없었는데도 지난 대통령 선거에서 지지받은 배경에는 그런 요인도 있었을 것이다.[10]

하지만 브라질 열대우림 벌채는 아마존 원주민의 삶을 위협할 뿐 아니라 기후위기를 가속하는 핵심 요인이다. 광대하고 빽빽한 아마존 우림은 지금까지 탄소의 주요 흡수원 역할을 해왔으며, 벌채되기 전에는 한때 전 세계에서 연간 배출되는 탄소의 4퍼센트를 흡수했다고 추산된다.[11] 그러나 파괴가 빠른 속도로 진행되고 있기 때문에 현재 아마존 우림 지대는 탄소 배출량이 흡수량을 초과하는 탄소 **배출원**이다. 벌채가 계속될 경우 비인간 동물에게 이미 미치고 있는 유해한 영향은 더 커질 것이다. 첫째, 동물의 서식지가 계속 감소해 앞으로 태어날 다양한 열대우림 동물뿐 아니라 이미 존재하는 동물에게 필요한 생존 자원도 줄어들 것이다. 둘째, 기후위기는 전 세계적인 현상이므로 우림 벌채는 브라질에서 아주 먼 곳의 환경에도 변화를 일으킬 것이고, 그러면 먼 곳에 사는 동물도 변한 환경에 적응하든지, 아니면 죽게 될 것이다. 끝으로, 우림 벌채는 앞 장에서 말했듯이 그 자체로 가치가 있는 생태계를 파괴한다. 실제로, 아마존 우림 전체가 붕괴할지도 모른다는 위험신호가 나타나고 있다.[12]

브라질에서 현재 진행 중인 우림 벌채는 해당 지역의 경제 활동만 금지해서 해결할 수 있는 문제가 아니다. 더구나 그렇게 삼림을 파괴하는 경제 활동들이 브라질 경제와 긴밀히 얽혀 있기 때문에, 이를 제한하는 경제 조치는 대중의 저항을 부르는 요인이 될 수 있다. 이 상황을 바꾸려면 대안이 될 수 있는 일자리를 제공해야 하고, 그러려면 브라질 경제에 자금을 투입해야 한다. 한 가지 방안은 다른 나라, 특히 오랜 세월 탄소와 그 밖의 온실가스를 배출해온 나라들이 브라질을 금전적으로 지원해 남은 우림을 보존하도록 유도하는 것이다. 그 나라들은 그동안 온실가스 배출로 경제 이득을 얻었으므로, 자신들이 유발한 문제가 완화되도록 도와 그 이득에 대한 대가를 치러야 한다는 것이 이 제안의 논거다.

하지만 그러려면 경제적 수익을 회수하려는 목적의 투자

가 아니라 과거에 일어난 일에 대한 대가로서 외국에 지원금을 보내는 일에 탄소 배출국의 국민이 동의해야 한다. 미국의 태도를 보면 짐작할 수 있듯 이 방법을 실행에 옮기기는 쉽지 않다. 미국 공화당 내 주류 세력은 처음에 기후위기 해결을 지지했다가 기후위기를 부정하는 입장으로 돌아섰다. 다른 나라에 우림 보호 지원금을 주는 정책을 채택하면, 이들이 국가적 요구나 국익과 무관한 정책이라며 정부를 비난하는 구실로 삼을 것이다.

브라질 우림을 보존하려는 시도에서 나타나는 이런 어려움은 이 부분에서 다루는 여러 난관 가운데 한 예에 불과하다. 그러나 틀림없이 중요한 예이며, 우림 보존과 단기적 경제 이익이 충돌할 때마다 이런 어려움이 발생하는 것을 쉽게 상상할 수 있다. 문제 해결 과정에서 그런 장애 요인을 극복하려면 국민의 협력뿐 아니라 국제적인 협력이 요구되지만, 기후위기 문제 자체에서도 나타나듯 협력은 쉽게 이루어지지 않는다.

**기후위기**

삼림 벌채. 사막화. 해수면 상승. 지독한 폭염. 산호 백화 현상. 생태계 붕괴. 기후위기는 지구 곳곳에서 온갖 방식으로 환경 파괴에 영향을 미친다. 앞에서 살펴본 대로 기후위기의 발생 원인은 하나가 아니라 여럿이다. 우리는 육류 산업, 인구 증가, 삼림 벌채를 그 원천으로 지목했다. 그러나 그게 다가 아니다. 고도로 산업화한 나라에서는 자동차 운전과 항공 여행 같은 소비자의 행동이 탄소 배출의 주요 요인이다. 더욱이 기후위기는 온실가스 배출을 오늘 당장 끝낸다고 막을 수 있는 일이 아니다. 온실가스 배출의 효과는 조금 늦게 나타난다. 지금 우리가 느끼는 기후변화로 인해 발생하거나 악화하는 폭염, 홍수, 화재, 폭풍 등은 현재 일어나는 탄소 배출의 결과가 아니라 과거에 일어난 탄소 배출의 결과다. 현재 일어나는 탄소 배출은 앞으로 환경 파괴를 더욱 심화할 것이고, 따라서 산업화 이전 대비 지구 평균 기온 상승치를 섭씨 1.5도 이내로 억제하자던 2015년 파리협정의 목표는 이제 달성하기 어려워 보인다.[13]

    기후위기가 인간에게 미치는 영향을 우려할 근거는 충분하다. 하지만 기후위기는 인간뿐 아니라 비인간 동물에게도 재앙이다. 하나만 예를 들면, 산호의 백화 현상 때문에 산호초를 서식지로 삼는 어류 개체군이 급감했는데, 특정 물고기 일부가 생명을 잃는 데 그치지 않고 종들이 통째로 절멸할 위협에 놓였다.

    기후위기라는 도덕적 현상은 그 범위도 넓고 요인도 다양해서 파악하기가 쉽지 않다. 기후윤리학자 스티븐 가디너Stephen Gardiner의 저서 《도덕적 퍼펙트 스톰A Perfect Moral Storm》은 한 가지 유용한 접근법을 제시한다.[14] 가디너는 1991년 세 개의 폭풍이 모여 형성된 거대 폭풍이 북미 대서양에서 어선을 강타한 사건을 소재로 한 서배스천 영거Sebastian Junger의 베스트셀러 《퍼펙트 스톰》의 이미지를 빌려와, 기후위기 문제에서도 세 가지 **도덕적** 폭풍이 하나로 모인다고 주장한다.

첫 번째 폭풍은 부자와 빈자 사이에서 발생한다. 경제 선진국에 사는 사람들이 기후위기의 주된 원천이지만, 그 피해는 저개발국(그리고 선진국 내부의 저개발 지역)에 사는 사람들이 감수한다. 이들은 홍수나 해수면 상승에 취약한 저지대나, 지가가 낮아서 대규모 환경오염 산업이 유입되기 쉬운 곳에 사는 경우가 많다. 하지만 이것 자체가 도덕적 폭풍은 아니다. 도덕적 폭풍은 부유한 국가에 사는 사람들이 기후위기 문제에 대응할 유인이 없다는 데서 발생한다. 즉, 온실가스 배출과 연관된 제품 생산으로 경제적 편익을 누리면서도, 환경 파괴와 경제 손실 면에서 발생하는 대부분의 비용을 부담하지 않는다. 기후위기의 비용이 대부분 가난하고 힘없는 사람들에게 전가되는 동안, 기후위기의 편익은 적어도 단기적으로는 부유하고 힘 있는 사람들에게 돌아간다.

두 번째 도덕적 폭풍은 세대 간에 발생한다. 기후위기의 수혜자는 현세대지만, 그 부담을 짊어질 사람은 젊은 세대거나 아직 태어나지 않은 사람들이다. 온실가스 배출의 효과가 지연되어 나타난다는 점에서 특히 그러하다. 그러므로 기후위기에 대응할 때, 후세대에게 대부분의 편익이 돌아가더라도 현세대가 기후위기 완화 비용을 지불해야 한다.

세 번째 도덕적 폭풍은 이론적인 문제다. 가디너는 특히 후세대에 대한 기후 관련 의무를 이해하기에 적합한 이론 틀이 없다고 주장한다. 현재 기후위기에 대처하기 위해 사용되는 지배적인 개념 틀은 비용편익분석으로, 기후의 금전적 가치를 측정해 기후 유지에 드는 비용과 대조한다. 비용편익분석은 단점이 많고, 특히 자연을 즐기는 기쁨, 생물다양성, 극심한 홍수나 폭염을 걱정하지 않는 삶 같은 장점에 금전적 가치를 부여하려고 시도한다는 문제점이 있다. 게다가 많은 이론가들이 우리가 미래 세대에게 지는 의무의 문제를 해결하려고 이른바 '할인율'을 적용한다. 우리가 미래 세대에게 지는 의무의 가치를 현재 가치로 전환해 현세대에게 유리하게 할인할 수 있다는 발상이다. 이 주장에는 몇 가지 이유가 있는데, 하나는 시간이 갈수록 화폐 가치가 하락한다는 점이고, 여기에 미래 세대가 이전 세대보다 일반적으로 더 잘산다는 가정이 추가된다. 이것은 기후위기의 악화 자체와 모순되는 가정이다(이 가정은 현세대가 희생해 후세대에 대한 도덕적 의무를 다할 것을 강조하는 장기주의와 정반대라고 볼 수 있다).

이 세 가지 폭풍에 대응하려면 도덕적 헌신이 요구된다. 이것은 정당들이 자기 이익과 국익을 중시하는 특성과 충돌을 일으킨다. 게다가 시공간을 달리해 멀리 있는 사람, 즉 다른 나라나 자국 내 타지에 사는 사람, 그리고 앞으로 태어날 사람의 이익까지 고려해야 한다. 따라서 이 도덕적 폭풍에 맞서 싸우려면, 특히 특권층에 속하는 개인의 도덕성 및 정치의 도덕성이 변화해야 한다.

기후위기 대응과 관련해 미래에 희망이 있을까? 기후 협약의 역사로 보건대 별로 유망하지 않다.[15] 선진국들은 석유 생산을 줄이거나, 소비를 자제하거나, 다른 나라에 자금을 지원해 온실가스 감축을 유도하거나, 온실가스 배출 피해국과 그 국민에게 보상금을 지급하는 등의 조처를 통해 스스로 기후위기에 원인을 제공한 사실을 인정하고 대응하기를 주저하며 지구 온난화의 연쇄 효과에 대처하는 노력에 제동을 걸어왔다.

장기적인 효과는 아직 지켜봐야겠지만, 기후위기에 좀 더 긴급히 대처할 동기를 부여할 만한 변화가 하나 있었다. 기후 자체의 변동성이 커져서 폭염, 홍수, 화재 등이 빈발하게 된 점이다. 이전에는 저개발 국가와 지역에 한정되어 나타나던 지구 온난화의 영향을 선진국에서도 많은 사람이 경험하기 시작했다. 18세기 영국 시인 새뮤얼 존슨Samuel Johnson이 말한 대로다. "확신하셔도 좋습니다. 두 주 후에 교수형에 처해질 것을 아는 사람은 엄청난 집중력을 발휘할 수 있습니다."[16]

그러나 그 집중력이 어떤 식으로 발휘될지는 또 다른 문제다. 집중력이 국제적인 헌신과 협력의 증가로 이어질까? 아니면 (지난 트럼프 정부 때 미국이 그랬던 것처럼) 나라마다 자국 보호에 더 치중하고 기후위기 대응에 필요한 총체적 역량을 희생시키는 현상으로 이어질까?

## 동물실험

나는 이제까지 동물실험에 관해 크게 언급하지 않았다. 동물실험에 동원되는 동물은 공장식 축산과 기후위기의 영향을 받는 동물에 비하면 훨씬 적지만, 그래도 그 수가 상당하다. 연간 1억 마리 이상이 실험 대상이 된다고 추정된다.[17] 동물실험에 관한 통계가 일관성 있게 유지되지 않아서 정확한 숫자 파악은 어렵다. 하지만 방대한 수의 실험용 동물이 실험실에 갇혀, 흔히 고통스럽고 심지어 치명적인 방식으로 실험을 당한다고 말해도 무리가 없다.

  동물실험이 도덕적으로 용인될지는 크게 세 가지 요소에 좌우된다. 어떤 동물이 실험 대상이고, 그 동물을 대상으로 어떤 실험이 이루어지고, 그 실험에서 얻을 것으로 예상되는 편익은 무엇이냐다.

  특히 컴퓨터 시뮬레이션이 가능해지면서 과학 실험의 여러 영역에서 동물실험의 대안이 등장했다. 그럼에도 인간의 생명을 보호하기 위해서 동물실험이 꼭 필요하다고 주장되는 분야가 아직 남아 있다. 이 도덕의 각축전에서 시비를 가려내기는 쉽지 않다. 한편으로 그런 실험은 동물의 몸을 망가뜨리고 때로는 생명을 위협하며 동물에게 아무 이로움도 제공하지 않는다. 그러나 다른 한편으로는 암 연구 같은 중요한 분야에서 동물실험으로 대단한 이점을 얻을 수 있다.

하지만 최소한 특정 동물은 실험 대상이 되면 안 된다는 인식이 점차 확산하고 있다. 진화상으로 인간과 가까운 대형 유인원이 여기에 해당한다. 실제로 2008년 스페인 의회는 대형 유인원을 실험 대상에서 제외하는 보호 조치를 승인했다.[18] 이 조치는 동물권 옹호 단체 '대형 유인원 프로젝트Great Apes Project'에서 비롯되었는데, 앞에서 효율적 이타주의와 관련해 다루었던 철학자 피터 싱어가 이 단체의 공동 설립자 중 한 사람이다. 그의 1975년 저서 《동물 해방》은 흔히 현대 동물권 운동을 촉발한 책으로 여겨진다.[19]

싱어가 제시한 동물실험의 결정 기준은 철학 분야에서 널리 논의되고 있다. 그 기준의 밑바탕을 이루는 '도덕적 개체주의moral individualism' 개념은 (인간을 포함한) 모든 동물은 각 개체의 특성과 이익을 배려해서 다루어야 한다는 생각이다. 이것은 한 개체의 개별 속성과 능력보다는 그 개체가 소속된 종에 초점을 두는 종차별주의speciesism와 대조된다. 도덕적 개체주의는 침팬지의 이익과 예컨대 그와 비슷한 성숙도를 지닌 3세 인간 아이의 이익을 같은 비중으로 취급한다. 이 관점에 따르면 비슷한 성숙도를 지닌 인간 아이를 대상으로 수행하지 않을 실험은 침팬지에게도 하면 안 된다. (또한 이 관점에 따르면 중증 장애가 있는 사람은 그렇지 않은 사람보다 도덕적으로 덜 중요하다는 결과로 이어져서, 장애인 권리 활동가들과 그 지지자들이 싱어를 널리 비판했다.)

물론 싱어의 견해가 동물실험 논의에서 찾아볼 수 있는 유일한 관점도 아니고, 동물을 실험이나 학대에서 보호하려는 유일한 접근법도 아니다. 인지 수준이 높은 동물을 보호하자는 의견도 있고, 감각 능력을 동물권의 적절한 기준으로 보는 의견도 있으며, 도덕적 고려에는 종species이 중요하다는 의견도 있다. 싱어의 견해처럼 공리주의에 기반한 관점이 있는가 하면, 철학자 크리스틴 코스가드Christine Korsgaard의《동료 생명체Fellow Creatures》처럼 칸트 사상에 기반한 관점도 있고,[20] 다른 동물을 몰인정하게 취급하면 인간끼리도 서로 더 몰인정해진다는 관점도 있다.

이 관점들을 다 설명하려면 별도의 책이 필요하다. 그러나 이 간략한 논의에서 우리가 알 수 있는 것은, 어떤 동물실험은 오직 인간의 목적에만 봉사할지라도 정당할 수 있고, 다른 실험은 그렇지 못하다는 점이다. 이 부분에서 요구되는 것은 수행할 수 있는 실험의 종류, 실험 대상이 될 수 있는 동물의 종류, 허가되는 실험 목적 등을 제한하는 명확한 정책이다.

동물실험은 공장식 축산과는 달리, 인류 존속에 명분을 더하기 위해 꼭 전면 폐지할 필요는 없다. 그보다는 가장 시급한 문제들로 한정해 실험하고, 그 경우 가능하면 가장 인도적인 실험 방식으로 문제의 답을 찾도록 규제가 이루어져야 한다. 이 분야에 진전이 있었지만, 아직도 세계 각지에서 관리 감독이 부족하기 때문에 더 많은 보완이 필요하다. 인류가 존속해야 하느냐는 더 큰 질문의 맥락에서 봤을 때, 동물실험 자체가 인간이 멸종해야 할 이유가 될 것 같지는 않다. 하지만 동물실험과 관련된 일부 관행은 인류가 일으키는 고통이 인류 존속의 장점보다 크다는 우려에 일조한다.

## 우리의 태도

마지막 요소는 특정한 관행과는 무관하지만, 어떤 의미에서 그 모든 것과 관련된다. 우리가 인류의 존속에 정당성을 부여하려면 다른 동물과 자연에 대한 태도를 바꾸어야 하고, 아마 서로에 대한 태도도 바꾸어야 할 것이다. 우리도 자연의 일부인데 자연을 그저 이용하고 즐기는 자원으로만 취급할 때가 많다고 지적한 것은 내가 처음이 아니다. 지금까지 많이 지적되었지만 그 진실이 여전히 사람들에게 절실히 와닿지 않는 듯하다.

비록 제러미 벤담은 동물을 옹호했으나, 유감스럽게도

철학의 역사는 동물을 어떻게 생각하면 안 되는지 구체적으로 예시한다. 이를테면 데카르트는 비인간 동물을 정교한 기계에 불과하다고 여겼다. 칸트는 동물이 도덕적 고려의 범위 바깥에 있다고 생각했다. 가령 내가 당신의 고양이를 그냥 재미로 괴롭힌다면, 칸트의 생각으로는 내가 고양이에게 고통을 준 일이 잘못이 아니라 내가 당신을 대한 방식에 잘못이 있다. 지금도 어떤 철학자들은 동물 학대에 반대하면서도 동물은 도덕적으로 별로 중요하지 않다고 주장한다.

우리의 시점으로는 이런 견해들이 놀라워 보일 수 있다. 잔인하게 학대당해 명백하게 고통받는 동물을 보고 어떻게 그 동물이 기계에 불과하다든지, 동물이 느끼는 고통이 도덕적으로 중요하지 않다고 생각할 수 있을까? 그럼에도 우리의 역사는 코앞에서 벌어지는 일을 뻔히 보면서도 외면하는 사례로 가득하다. 내 생각에 인간이 고의로 악행을 저지르는 능력은 상당히 제한적인 반면에, 인간의 자기기만 능력은 거의 무한대인 것 같다. 통념을 반추하고 의심하는 일이 직업인 철학자들도 예외는 아니다.

우리도 자연의 일부라는 점, 그리고 역시 자연의 일부인 다른 동물의 이익을 존중하는 일도 그만큼 중요하다는 점을 진정으로 인식한다는 것은 무슨 뜻일까? 내 생각에 이러한 인식은 여러 방식으로 실현될 수 있다. 그 인식은 감정을 덜어내고 좀 더 인지적이거나 지적으로 이루어질 수 있다. 다시 말해 인간과 비인간 동물이 자연에서 차지하는 위치, 인간의 이익 말고도 다른 중요한 이익이 존재한다는 사실을 철학적으로 이해하고, 그 이익이 우리에게 도덕적 의무를 지운다는 점을 인식할 수 있다는 뜻이다. 그러한 이해는 일련의 행동 원칙을 통해서, 또는 세상을 살아가는 데 지침이 되는 직관적인 판단을 통해서 행동으로 이어질 수 있다.

이런 접근법이 지나치게 학문적으로 보일 수 있고, 아마 실제로도 그럴 것이다. 그러나 나는 이 접근법을 오랫동안 취해왔다. 동물권에 관해 여러 해 강의했어도 내가 다른 동물에게 크게 공감하게 된 것은 얼마 되지 않았다. 나는 반려동물이 근처에 있으면 싫어하고, 우리 가족이 몇 년 전에 입양한 고양이도 내가 우겨서 집 밖에서 키웠다. (내가 당신의 경멸을 받을 만한가? 그럴 만하다.) 그랬다가 그동안 접한 철학 저술물과 우리 고양이 덕분에 최근에 와서 다른 동물에게 더 공감하게 되었다. 그러나 다른 동물에 대한 애틋한 감정은 동물의 이익을 인식하고 그 이익을 존중할 의무를 인식하는 일에 도움은 되더라도 필요조건은 아니라고 생각한다.

분명히 말하지만, 자연에서 우리가 차지하는 위치와 다른 동물의 이익을 인식한다고 해서 우리가 언제나 다른 동물의 이익을 충족하는 방식으로 행동해야만 하는 것은 아니다. 앞

장에서 언급한 대로 자연을 대하는 적절한 태도는 '경이'라고 했던 엘리자베스 앤더슨도 만일 집에 쥐가 출몰하면 죽여도 된다고 밝힌다. 이때 나와 쥐 사이에 중요한 이익이 충돌한다. 설령 쥐와 공생할 수 있다고 하더라도, 쥐의 존재와 그 놀라운 번식 능력 때문에 살기가 무척 불편해지고, 어느 정도를 넘어서면 아마 건강에 해로울 것이다.

그럼에도 쥐를 퇴치할 때는 더 고통스러운 방법도 있고 그렇지 않은 방법도 있다는 점을 염두에 두어야 한다. 인도적인 쥐덫은 쥐약보다 덜 효율적이지만, 빠르고 훨씬 덜 잔혹하게 쥐를 죽일 수 있다. 나는 이것을 직접 경험했다. 집에 쥐가 나왔을 때 실수로 쥐약을 사용했다가 쥐가 고통에 몸부림치며 기어 나오는 모습을 목격했다. (내가 당신의 경멸을 좀 더 받을 만한가? 그럴 만하다.) 그 쥐를 최대한 빨리 죽인 뒤, 쥐약 대신 쥐덫을 써야 한다고 절실히 깨달았다.

동물과 자연에 지적으로 접근하든 공감으로 접근하든, 여기서 요점은 짧은 두 문장으로 정리된다. 첫째, **다른 동물도 중요하다**. 다른 동물도 도덕적으로 중요하다. 우리의 도덕적 고려와 도덕적 행동에 다른 동물을 감안해야 한다. 둘째, **자연도 중요하다**. 이 말은 '그 자체로 좋다'라는 관점에서 이해할 수도 있다고 언급한 바 있다. 그렇지만 우리가 자연의 일부이고 자연의 풍요로움을 존중해야 우리나 다른 동물에게 이롭다는 점은 최소한 인식해야 한다. 자연이 없으면 자연을 존중해야 할 우리도 없기 때문이다. 이 두 문장에서 비롯되는 태도는 세부적으로 크게 달라질 수 있다. 문화의 영향과 개인차가 그 구체적인 표현에 틀림없이 반영된다. 하지만 우리가 인류의 존속에 정당성을 부여하는 방식으로 행동하고자 한다면, 이 두 문장을 어떤 식으로든 우리의 사고방식과 생활 속에 수용해야 한다.

| 결론 |

# 우리는 이미
# 답을 알고 있다

방금 우리는 공장식 축산 폐지, 인구 증가 억제, 삼림 벌채 중단, 기후위기 대응, 비인간 동물 대상의 실험 제한, 다른 동물과 자연에 대한 적절한 태도 함양이라는 몇 가지 도덕적 의무를 살펴보았다.

이런 의무에는 또 다른 의무가 뒤따른다. 불평등을 뒤집고, 여성에게 적절한 교육을 보장하고, 탈탄소로 전환하고, 과소비를 자제하고, 우리의 관행을 성찰할 의무다.

여러분 가운데 다수는 이 목록을 보면서 최소한 그것들이 중요한 의무라는 점에 상당 부분 동의할 것이다. 하지만 그것들은 인류 존망의 문제와는 무관하게 그 자체의 이유로 중요하지 않은가? 왜 거기에 우리 종의 도덕적 정당성 문제를 연결 짓는가? 사실 여기서 열거한 여러 의무는 자연과 다른 동물에게도 이롭고, 대다수 인간에게도 이롭다. 여기에 인류의 존속이라는 더 큰 문제가 끼어들 자리가 있나?

인류가 계속 존재해야 하느냐는 문제와는 별도로 그 의무들이 타당할 수 있다는 점에는 의심의 여지가 없다. 그것들이 우리 관행 속에 아직 제대로 자리 잡지 못한 것은 정치, 문화, 경제, 사회적 이유와 관련 있다.

하지만 우리가 그 의무들을 받아들여 이행하지 못하는 양상에는 단순히 그 실패가 우리 다수의 삶에 주는 영향 이상으로 심대한 측면이 있다. 내가 볼 때는 여기에 더 광범위한 문제가 걸려 있다. 바로 그것이 이 책의 주제다. 우리 종이 이 세상에서 좀 더 도덕적으로 민감하게 살아갈 방법을 찾을 수 없다면, 차라리 사라지는 편이 세상에 더 이로울 수도 있다. 이것은 우리끼리 관행의 명분을 찾는 문제가 아니라, 애초에 인류 존속의 명분이 걸린 문제다.

그 의무들을 이행하지 못하는 대부분의 책임은 소수의 인간에게 돌아간다는 지적이 있을 것이고, 또 맞는 말이기도 하다. 우리 중 경제적, 인종적, 사회적 특권층이 그런 실패의 원인이거나 주요 수혜자다. 그렇다면 어떤 의미에서 이것을 인류 전체와 연결 지을 수 있을까? 비록 실패의 근본 원인 제공자는 소수의 인간으로 한정된다고 하더라도, 지금까지 살펴본 대로 그 실패의 지속과 확대에는 우리 대부분이 연루된다. 특권층만이 삼림 벌채에 가담하거나 이를 촉진하는 정책을 지지하지 않는다. 특권층만이 별로 필요하지도 않은 목적으로 수행되기 일쑤인 동물실험에서 편익을 누리지 않는다. 그리고 부유해지면 공장식 축산 육류의 소비가 증가한다는 증거가 있다. 그런 관행을 금지하는 정책(오직 일부의 단기적 이익에 반하는 정책)이 마련된다면, 내가 여기서 제기하는 문제는 고려할 필요가 없어지거나, 최소한 덜 시급해질 것이다. 그러나 그런 정책은 마련되지 않았고, 그 결과 이 지구에서 함께 살아가는 다른 생명체에게 끔찍한 결과를 야기하는 활동과 관행에 참여하는 인간의 비율이 점차 증가하는 상황이다.

　그렇다면 이러한 의무들은 인류 존속의 도덕적 정당성이 걸린 문제다. 이미 주장했듯, 지금 살아 있는 사람들의 존속을 말하는 것이 아니다. 그보다 현재 지구에 사는 사람들을 넘어서, 인간종 자체의 존속이 걸린 문제다. 우리는 다른 인간을 낳아야 할까? 낳지 않아도 우리가 그들에게 잘못하는 것은 아니다. 그들이 어떤 잠재적 상태로 이미 존재하지 않기 때문이다. 하지만 우리가 혹시 다른 인간을 낳는다면, 인류 존속의 좋은 점을 상쇄하고도 남을 만큼 고통에 시달릴 다른 동물을 더불어 태어나게 한다는 뜻일까? 그게 바로 내가 여기서 성찰하는 질문이다. 적어도 현재로서는 여기에 확정적인 해답이 없다고 해서, 그리고 이 질문에 내가 간과한 요소와 측면이 틀림없이 있다고 해서, 그런 질문을 던질 가치가 없지는 않다. 우리가 미래에 떳떳이 존재하고자 한다면 그 질문에 오히려 더 철저하게 파고들어야 한다.

    우리는 그렇게 할 것인가? 미래의 인류 존속에 도덕적 정당성을 부여하기 위해 필요한 조치를 취할 것인가? 나는 이 문제에 답변할 만한 사람이 못 된다. 예견은 내 강점이 아니다. 대학교에 다닐 때 새로 결성한 밴드의 공연에 간 적이 있다. 공연장이 아주 작아서 밴드가 관객용 출입구로 입장했는데, 밴드 멤버들이 들어올 때 내가 문을 붙잡아 주었다. 그러고서 친구에게, 일개 뉴저지 무명 록밴드를 위해 문을 잡아준 일이 내가 평생 유명인에게 가장 가까이 접근한 경험이 될 거라고 말했다. 나중에 알고 보니 그게 브루스 스프링스틴Bruce Springsteen(미국 대중문화를 상징하는 전설의 음악인―옮긴이)의 밴드였다. 그러니 내가 앞을 내다보는 능력이 있다고 주장할 수 없다.

    그러나 어쩌면 그것도 올바른 질문이 아닐 수 있다. 우리가 앞으로 인류 존속에 정당성을 부여하게 될지 묻기보다는, 그런 노력을 기울일 의지가 있는지 물어야 하는지도 모른다. 자신을 남 보듯 구경하며 우리가 어떻게 할 건지 궁금해할 일이 아니라, 우리의 내면을 응시하고 무엇을 수행할 의지가 있는지 질문해야 하는 것일 수 있다. 어느 정도는 실패하거나 우리가 세운 이상적인 목표에 도달하지 못할 가능성도 크다. 그러나 여기서 우리의 행동은 이분법으로 나뉘지 않는다. 인류 존속에 정당한 명분을 부여하기 위해 우리가 마침내 행동할 수 있느냐 없느냐를 가르는 단순한 문제가 아니라는 뜻이다. 그보다는 각자, 그리고 하나의 종으로서 집합적으로 어떻게 행동해야 이 지구상에서 우리의 존속이 더 정당해질지 스스로에게 물어야 한다. 우리는 인류의 존속이 총체적으로 바람직한 일인지조차 알지 못하고, 아마 알 방법도 없겠지만, 인류의 존속을 더 바람직한 일로 만들려면 무엇을 할 수 있을지는 알고 있다. 우리가 과연 그것을 실천할지 여부는 우리의 예견 능력이 아니라, 우리의 확고한 의지에 달려 있다. 결국은 그래야 새벽 3시 12분에 깨어나 우리가 이렇게 존재해도 될지 의문을 품을 일도 없어질 것이다.

**감사의 말**

이 책은 감정적으로 읽기 쉽지 않은 책이다. 쓰기도 쉽지 않았다. 크리스 그라우, 캐슬린 메이, 러델 맥워터는 이 원고의 초기 버전을 읽고 비평해 소중한 도움을 주었다. 나의 에이전트 리처드 어베이트는 이 책에 담긴 논의의 중요성을 처음부터 믿어주었다. 케빈 도튼은 더 바랄 나위 없는 훌륭한 편집자다. 그는 본문을 한 줄 한 줄 꼼꼼하게 네 차례나 검토하고 수많은 제안으로 문장만이 아니라 철학적인 면에서도 원고를 개선해주었다. 에이미 리의 프로 정신과 친절함은 출판 과정의 행정적 측면을 매끄럽게 했고, 앨리슨 커 밀러의 교정교열은 나의 수많은 맹공격에서 영어를 구해냈다. 마이클 슈어의 너그러운 서문은 분에 넘친다. 이분들 모두에게, 그리고 이곳 감사의 말까지 도달한 독자 여러분에게 감사드린다.

## 옮긴이의 말

이 책을 옮기기에 앞서, 원서가 번역 출간에 적합한지 검토하는 과정에 참여했다. 우리 인류가 멸종해야 할지 단도직입적으로 묻는 원서 제목이 일단 호기심을 자극했다. 원서 제목이 일단 호기심을 자극했다. 본문을 읽기도 전에 문득 기억나는 책이 있었다. 벌써 10여 년 전이었다. 미국에서 새로 출간된 철학서를 살피다가, 지금 살아 있는 인간의 삶이 의미 있으려면 인류가 계속된다는 믿음이 있어야 한다는 주제를 다룬 새뮤얼 셰플러의 《죽음과 후생》을 접하고 출판사 몇 곳에 추천한 일이 있었다. 당시만 해도 인류 멸종의 장단점을 토론하는 일은 국내에서 큰 관심사가 아니었고, 따라서 그런 쟁점과 관련된 책을 번역해서 내려는 출판사도 많지 않아 결국 소개되지 못했다. 그런데 반갑게도 검토하는 원서의 저자가 셰플러를 여러 차례 인용하고 있었다.

그동안 기후변화와 환경오염이 눈에 띄게 심각해져서 이제는 인류가 지구에 끼치는 해악이 세계 어디서나 이전보다 훨씬 자주 거론되고 있다. 인간이 한 명이라도 덜 존재하거나 아예 존재하지 않는 편이 지구에 좋으니 아이를 낳지 않겠다는 반출생주의자도 꾸준히 늘어나는 추세다. 한국 사회에서도 요즘 이 문제에 전반적인 관심이 높아지고 학계나 사적인 자리에서 심심찮게 토론이 벌어지고 있어, 해답을 고민하는 많은 사람에게 이 책이 흥미를 촉발하겠다는 예감이 들었다.

　원고를 읽기 시작하자마자 나는 저자 토드 메이의 필력이 내뿜는 매력에 푹 빠져들었다. 철학서를 읽을 때면 늘 수반되는 약간의 긴장감은 어느새 사라지고, 그가 펼쳐 놓는 생각의 흐름을 바삐 따라가면서 결론이 궁금해 안절부절못하는 나를 발견하고 미소 지었다. 저자는 간단치 않은 철학적 주제를 다룸에도 편안하고 명료한 문체로 철학 전공자가 아닌 일반인이나 학생들도 어렵지 않게 따라잡을 수 있을 만큼 명쾌하게 설명한다. 마치 북토크나 팟캐스트에라도 나와 조곤조곤 설명하는 듯한 어조다. 개인적인 이야기가 예시로 등장하고, 간간이 곁들이는 유머가 재미를 더한다. 그렇다고 가볍거나 산만한가 하면 그렇지 않다. 단단한 논리가 빈틈없이 전개된다. 인류 멸종 찬반론에 기후변화, 동물권, 인구문제, 삼림 벌채 등 시의성 있는 내용을 어김없이 연결해 논하고, 공리주의와 의무론 같은 고전적인 규범 윤리 이론을 적용해 어떤 결과로 이어지는지 살피고, 최근에 나온 이론과 연구도 소개하면서 그 함의를 꼼꼼히 따져본다. 이런 접근이 독자에게 지적인 재미를 선사하고, 유머와 따스함이 담긴 서술 방식이 독자의 공감을 이끌어 낼 것이라는 확신이 들었다.

번역하는 과정에서 내가 특별히 인상 깊게 주목한 대목은 인구 감소를 인류 멸종의 대안으로 제시한 부분이었다. 한국을 비롯해 거의 모든 선진국이 출산율 하락을 염려하는 현실로 미루어, 직관에 반하는 해결책으로 느껴졌기 때문이다. 인구를 경제성장의 동력, 국력의 원천으로 보는 관점에서는 인구 감소를 주장하는 견해에 쉽게 동의하기 어려울 것이다. 그러나 사실상 대부분의 인구 대국은 예나 지금이나 심각한 빈곤과 환경오염에 시달리고 여성의 사회경제적 지위도 낮다.

인구 1억 명이 넘는 나라 가운데 일본과 더불어 유일한 선진국인 미국은 출산율 감소에도 불구하고 꾸준하게 이민자가 유입되어 인구가 증가하는 추세지만, 그것이 못마땅한 반이민 진영은 이민보다는 출산율이 다시 높아지기를 바라며 출산하지 않는 여성을 공격한다. 예컨대 J. D. 밴스 미국 부통령은 2024년 대선 기간에 《뉴욕 타임스》와 인터뷰하면서 "기후변화 때문에 아이를 가지지 않기로 결심하는 여자는 소시오패스"라고 발언했다(2024년 10월 12일 《뉴욕 타임스》 팟캐스트 〈더 데일리〉 "인터뷰: J.D. 밴스와의 대화" 31분 지점). 여성이 개인의 신념에 따라 자기 신체에 관해 내린 결정에 반사회성 인격장애 운운하는 것은 시대착오적인 여성 혐오다. 저자도 지적하듯 출산율 하락은 여성의 전반적인 지위 향상과 긴밀하게 얽혀 있다. 출산율을 높이는 일이 이런 식으로 여성을 모욕하고 통제하는 것을 의미한다면, 오히려 높은 출산율은 낮추고, 낮은 출산율은 올리지 않는 것이 답이다.

    더불어 인구를 국력으로 보는 관점은 젊은 인구가 많아야 전쟁에 갈아 넣을 병사가 많아진다는 호전국들의 태도이기 쉽다. 총알받이 병사의 풍성하고 지속적인 공급이 필요해진 러시아가 최근 출산 육아 지원금을 대폭 확대해 출산율 높이기에 주력하는 행태가 그런 극명한 예에 해당한다. 이걸 뒤집어서, 인구가 감소하면 싸울 사람이 없어서 전쟁을 일으키지 않으니 평화로워질 수 있다는 논리도 가능해진다. 그렇게 해서 평화가 얻어진다면 그야말로 인류가 멸종해야 할 이유 하나가 삭제될 수 있다.

    실제로 가장 부유한 상위 10개국 가운데 8개국이 인구 1000만 명 미만이다. 경제력뿐 아니라 건강, 안전, 행복지수, 사회 응집력 측면에서도 작은 나라들이 상위를 차지한다. 낮은 출산율은 오히려 기회일 수 있다. 인구에 집착할 것이 아니라 발상을 전환해, 고령화와 부족한 젊은 인력 문제는 이민 확대와 신기술 활용으로 해결하고, 사람이 얼마 없어도 (또는 오히려 얼마 없기 때문에) 개별 구성원 한 사람 한 사람이 더 행복한 나라를 만들면 된다. 그렇게 해서 인구가 줄면, 그만큼 자연에 숨 쉴 공간을 돌려줄 수 있다. 최재천 교수가 언급한 대로다. "모든 환경문제는 궁극적으로 다 인구문제다. 사람이 너무 많아서 벌어지는 문제이기 때문에 사실은 줄여야 한다." 우리가 이런 문제를 깊이 고민하면서 앞으로 어떻게 해야 할지 해결 방안을 생각하고 그것을 실행에 옮기느냐, 아니면 이 모든 문제를 외면하고 지금까지의 생활 방식을 고집하느냐가 인류 존속의 정당성을 좌우한다는 것이 바로 저자의 결론이다.

  그런 결론에 동조할 수도 있고 안 할 수도 있지만, 지금 세상에서 일어나는 여러 현상에 비추어 이런 물음을 던지고 토론할 적절한 시기가 되었다는 점에는 많은 사람이 동의할 것이다. 이 책의 도발적인 화두와 섬세한 결론이 독자들과 한국 사회 전반에 활발한 논쟁을 불러일으키기를 바란다.

노시내

# 참고문헌

원고에 등장하는 순서대로 수록

## 1 불편한 질문

Bentham, Jeremy, *Introduction to the Principles of Morals and Legislation*(제러미 벤담 저, 강준호 역,《도덕과 입법의 원칙에 대한 서론》, 아카넷, 2013)

Mill, John Stuart, *Utilitarianism*(존 스튜어트 밀 저, 이종인 역,《공리주의》, 현대지성, 2020)

## 2 인류는 무엇이 그렇게 대단한가?

Benatar, David, *Better Never to Have Been: The Harm of Coming into Existence*(데이비드 베너타 저, 이한 역,《태어나지 않는 것이 낫다》, 서광사, 2019)

Sen, Amartya, *Commodities and Capabilities*

May, Todd, *A Significant Life: Human Meaning in a Silent Universe*

Parfit, Derek, *Reasons and Persons*

Kant, Immanuel, *Grundlegung zur Metaphysik der Sitten*(임마누엘 칸트 저, 백종현 역,《윤리형이상학 정초》, 아카넷, 2018)

Buss, Sarah, "The Value of Humanity"

Theunissen, Nandi, *The Value of Humanity*

Scheffler, Samuel, *Death and the Afterlife*

Scheffler, Samuel, *Why Worry About Future Generations?*

## 3 인류는 더 이상 존재하면 안 되는가?

Johannsen, Kyle, *Wild Animal Ethics: The Moral and Political Problem of Wild Animal Suffering*

Faria, Catia, *Animal Ethics in the Wild: Wild Animal Suffering and Intervention in Nature*

Dostoyevsky, Fyodor, *The Brothers Karamazov*(표도르 도스토옙스키 저, 김연경 역, 《카라마조프가의 형제들》, 민음사, 2007)

Velleman, David, "Love as a Moral Emotion"

Helm, Bennett, "Love, Identification, and the Emotions"

Grau, Christopher, "Irreplaceability and Unique Value"

Grau, Christopher, "Love and History"

Anderson, Elizabeth, "Animal Rights and the Values of a Nonhuman Life"

## 4   우리는 어떤 선택을 해야 하는가?

MacAskill, William, *What We Owe the Future*(윌리엄 맥어스킬 저, 이영래 역, 《우리는 미래를 가져다 쓰고 있다》, 김영사, 2023)

Singer, Peter, "Famine, Affluence, and Morality"(피터 싱어 저, 정환희 역, 《기근 풍요 도덕》, 필로소픽, 2024)

Gardiner, Stephen, *A Perfect Moral Storm: The Ethical Tragedy of Climate Change*

Singer, Peter, *Animal Liberation*(피터 싱어 저, 김성한 역, 《동물 해방》, 연암서가, 2012)

Korsgaard, Christine, *Our Fellow Creatures: Our Obligations to the Other Animals*

## 주

### 1 불편한 질문

1 ── Émile P. Torres, *Human Extinction: A History of the Science and Ethics of Annihilation* (Routledge, 2023).

2 ── Jeremy Bentham, *Introduction to the Principles of Morals and Legislation*, ed. J. H. Burns and H. L. A. Hart (Oxford University Press, 1970), 283.

3 ── John Stuart Mill, *Utilitarianism* (1879), https://www.gutenberg.org/cache/epub/11224/pg11224-images.html, chapter 2.

### 2 인류는 무엇이 그렇게 대단한가?

1 ── David Benatar, *Better Never to Have Been: The Harm of Coming into Existence* (Oxford University Press, 2006).

2 ── Amartya Sen, *Commodities and Capabilities* (Oxford University Press, 1985).

3 ── Todd May, *A Significant Life: Human Meaning in a Silent Universe* (University of Chicago Press, 1985).

4 ── Derek Parfit, *Reasons and Persons* (Oxford University Press, 1985).

5 ── Immanuel Kant, *Groundwork for the Metaphysics of Morals*, ed. and trans. Allan W. Wood (Yale University Press, 2002).

6 ── 위의 책, 9.

7 ── Sarah Buss, "The Value of Humanity," *The Journal of Philosophy* 109, nos. 5-6 (2012): 341-77.

8 ── L. Nandi Theunissen, *The Value of Humanity* (Oxford University Press, 2020).

9 ── Samuel Scheffler "The Importance of the Afterlife. Seriously." *New York Times*, September 21, 2013, https://archive.nytimes.com/opinionator.blogs.

nytimes.com/2013/09/21/the-importance-of-the-afterlife-seriously; Samuel Scheffler, *Death and the Afterlife* (Oxford University Press, 2013); Samuel Scheffler, *Why Worry about Future Generations?* (Oxford University Press, 2018).

## 3 인류는 더 이상 존재하면 안 되는가?

1 ─── Factory Farm Awareness Coalition, "Factory Farming Cows: What Happens to Cows in Factory Farms?," January 4, 2022, https://ffacoalition.org/articles/factory-farming-cows.

2 ─── MSPCA Angell, "Farmed Animal Welfare: Pigs," https://www.mspca.org/animal_protection/farm-animal-welfare-pigs.

3 ─── M. Shahbandeh, "Total number of hogs slaughtered in the U.S. from 2000 to 2022," Statistica, May 5, 2023, https://www.statista.com/statistics/194382/number-of-hogs-slaughtered-in-the-us-since-2000.

4 ─── Ema Pandrc, "How Much Chicken Does the Average American Eat a Year?," May 4, 2022, Comfyliving, https://comfyliving.net/how-much-chicken-does-the-average-american-eat.

5 ─── M. Shahbandeh, "Number of slaughtered cattle in the United States from 2000 to 2022," Statistica, September 13, 2023, https://www.statista.com/statistics/194357/total-cattle-slaughter-in-the-us-since-2000.

6 ─── Anne Grimmelt, Sheng Hong, Roberto Uchoa de Paula, Cherie Zhang, and Jia Zhou, "For the Love of Meat: Five Trends in China that Meat Executives Must Grasp," McKinsey & Company, February 2, 2023, https://www.mckinsey.com/industries/consumer-packaged-goods/our-insights/for-love-of-meat-five-trends-in-china-that-meat-executives-must-grasp.

7 ─── Guardian Staff, "China's 26-storey pig skyscraper ready to slaughter 1 million pigs a year," *Guardian*, November 25, 2022, https://www.theguardian.com/environment/2022/nov/25/chinas-26-storey-pig-skyscraper-ready-to-produce-1-million-pigs-a-year.

8 — A. Minhas, "Consumption volume of poultry meat in India from 2013 to 2023," Statistica, September 18, 2023, https://www.statista.com/statistics/826711/india-poultry-meat-consumption.

9 — Hannah Ritchie, "Deforestation and Forest Loss," Our World in Data, February 4, 2021, https://ourworldindata.org/deforestation.

10 — "Under Bolsonaro, Amazon deforestation hits new September record," Al Jazeera, October 7, 2022, https://www.aljazeera.com/news/2022/10/7/under-bolsonaro-amazon-deforestation-hits-new-september-record.

11 — Brian Handwerk, "Elephants Attack as Humans Turn Up the Pressure," National Geographic, June 3, 2005, https://www.nationalgeographic.com/animals/article/news-elephants-attack-humans-pressure.

12 — Maxim Arbugaev, Haulout (film), 2002, https://www.youtube.com/watch?v=8mKBZ9dy5fQ.

13 — Wikipedia, s.v. "Environmental Stewardship," https://en.wikipedia.org/wiki/Environmental_stewardship.

14 — Kyle Johannsen, Wild Animal Ethics: The Moral and Political Problem of Wild Animal Suffering (Routledge, 2021); Catia Faria, Animal Ethics in the Wild: Wild Animal Suffering and Intervention in Nature (Cambridge University Press, 2023).

15 — Brian Tomasik, "Habitat Loss, Not Preservation, Generally Reduces Wild-Animal Suffering," April 26, 2017, https://reducing-suffering.org/habitat-loss-not-preservation-generally-reduces-wild-animal-suffering.

16 — Martha C. Nussbaum, "A Peopled Wilderness," New York Review of Books, December 8, 2022, https://www.nybooks.com/articles/2022/12/08/a-peopled-wilderness-martha-c-nussbaum.

17 — Fyodor Dostoyevsky, The Brothers Karamazov, trans. David McDuff (Penguin Classics, 2003).

18 — David Velleman, "Love as a Moral Emotion," Ethics 109, no. 2 (1999): 338–

74.

19 ── Bennett Helm, "Love, Identification, and the Emotions," *American Philosophical Quarterly* 46, no. 1 (January 2009): 39-59.

20 ── "Do Dolphins Love?" Jervis Bay Wild, https://www.jervisbaywild.com.au/blog/dolphins-love.

21 ── Carl Safina, "The Depths of Animal Grief," *Nova*, July 8, 2015, https://www.pbs.org/wgbh/nova/article/animal-grief.

22 ── Roman M. Wittig, Catherine Crockford, Tobias Deschner, Keven E. Langergraber, Toni E. Ziegler, and Klaus Zuberbühler, "Food Sharing is Linked to Urinary Oxytocin Levels and Bonding in Related and Unrelated Wild Chimpanzees," Proceedings of the Royal Society B (March 7, 2014), https://royalsocietypublishing.org/doi/pdf/10.1098/rspb.2013.3096.

23 ── Sheri Speede, "What Chimpanzees Teach Us About Love," *Wall Street Journal*, October 22, 2013, https://www.wsj.com/articles/BL-SEB-77811.

24 ── Christopher Grau, "Irreplaceability and Unique Value," *Philosophical Topics* 32, nos. 1-2 (2004): 111-29.

25 ── Elizabeth Anderson, "Animal Rights and the Values of a Nonhuman Life," in *Animal Rights: Current Debates and New Directions*, ed. Cass R. Sunstein and Martha C. Nussbaum (Oxford University Press, 2005), 277-98.

## 4 우리는 어떤 선택을 해야 하는가?

1 ── William MacAskill, *What We Owe the Future* (Oxford University Press, 2022).

2 ── Peter Singer, "Famine, Affluence, and Morality," *Philosophy and Public Affairs* 1, no. 3 (1972): 229-43.

3 ── Kieran Setiya, "The New Moral Mathematics," *Boston Review*, August 15, 2022, https://www.bostonreview.net/articles/the-new-moral-mathematics.

4 ── PR Newswire, "USDA Urged to Strengthen Farm Animal Welfare by Finalizing Long-Awaited Organic Standards," October 22,

2022, https://www.prnewswire.com/news-releases/usda-urged-to-strengthen-farm-animal-welfare-by-finalizing-long-awaited-organic-standards-301661588.html.

5 —— Juliana Menasce Horowitz, Ruth Igielnik, and Rakesh Kochhar, "Trends in Income and Wealth Inequality," Pew Research Center, January 9, 2020, https://www.pewresearch.org/social-trends/2020/01/09/trends-in-income-and-wealth-inequality.

6 —— Annie E. Casey Foundation, "Food Deserts in the United States," February 13, 2021, https://www.aecf.org/blog/exploring-americas-food-deserts.

7 —— The Learning Network, "What's Going On in This Graph? | Global Population Growth and Decline," *New York Times*, November 16, 2023, https://www.nytimes.com/2023/11/09/learning/whats-going-on-in-this-graph-nov-15-2023.html.

8 —— Missie Thurston, "Overpopulation Solutions that Put Women and Girls First," Population Media Center, June 24, 2021, https://www.populationmedia.org/the-latest/overpopulation-solutions-that-put-women-and-girls-first.

9 —— Samuel Blum, Meagan Collins, Katie Hancock, Kelsey Miller, Sanjali Yadav, "Deforestation in Brazil," July 25, 2019, https://storymaps.arcgis.com/stories/38535a937f82494a8e37094d9efc6121.

10 —— Reuters, "Brazil's Bolsonaro Disapproval Rating Rises to All-Time High, Two Polls Show," July 8, 2021, https://www.reuters.com/world/americas/brazils-bolsonaro-disapproval-rating-rises-all-time-high-poll-2021-07-08.

11 —— "The Brazilian Amazon has been a Net Carbon Emitter Since 2016," *Economist*, May 21, 2022, https://www.economist.com/interactive/graphic-detail/2022/05/21/the-brazilian-amazon-has-been-a-net-carbon-emitter-since-2016.

12 —— Chelsea Harvey and E&E News, "Amazon Rain Forest Nears Dangerous 'Tipping Point'," *Scientific American*, March 8, 2022, https://www.scientificamerican.com/article/amazon-rain-forest-nears-dangerous-tipping-point.

13 —— David Wallace-Wells, "Beyond Catastrophe: A New Climate Reality Is Coming Into View," *New York Times*, October 26, 2022, https://www.nytimes.com/interactive/2022/10/26/magazine/climate-change-warming-world.html.

14 —— Stephen M. Gardiner, *A Perfect Moral Storm: The Ethical Tragedy of Climate Change* (Oxford University Press, 2011).

15 —— UN News, "Countries' Climate Promises Still Not Enough to Avoid Catastrophic Global Warming," October 26, 2022, https://news.un.org/en/story/2022/10/1129892.

16 —— Morality Quotes: The Samuel Johnson Sound Bite Page, https://www.samueljohnson.com/mortalit.html.

17 —— Humane Society International, "About Animal Testing," https://www.hsi.org/news-resources/about.

18 —— Lee Glendenning, "Spanish Parliament Approves 'Human Rights' for Apes," *Guardian*, June 26, 2008, https://www.theguardian.com/world/2008/jun/26/humanrights.animalwelfare.

19 —— Peter Singer, *Animal Liberation: A New Ethic for Our Treatment of Animals* (Random House, 1975).

20 —— Christine M. Korsgaard, *Fellow Creatures: Our Obligations to Other Animals* (Oxford University Press, 2018).

## 인류 멸종, 생각보다 괜찮은 아이디어

**초판 1쇄 인쇄** 2025년 10월 2일
**초판 1쇄 발행** 2025년 10월 22일

**지은이** 토드 메이
**옮긴이** 노시내
**펴낸이** 최순영

**출판2 본부장** 박태근
**지식교양 팀장** 송두나
**편집** 박은경
**교정교열** 김수연
**디자인** 강경신 디자인

**펴낸곳** ㈜위즈덤하우스  **출판등록** 2000년 5월 23일 제13-1071호
**주소** 서울특별시 마포구 양화로 19 합정오피스빌딩 17층
**전화** 02) 2179-5600  **홈페이지** www.wisdomhouse.co.kr

ISBN 979-11-7171-511-4  03100

- 이 책의 전부 또는 일부 내용을 재사용하려면 반드시 사전에 저작권자와 ㈜위즈덤하우스의 동의를 받아야 합니다.
- 인쇄·제작 및 유통상의 파본 도서는 구입하신 서점에서 바꿔드립니다.
- 책값은 뒤표지에 있습니다.